写作（一）

主　编　尚德机构学术中心

副主编　欧　蓬　刘通博　杜　铮　高智威

编　者　彭子怡　马明明　孙　涛　何会军

清华大学出版社

北　京

内 容 简 介

文字和语言是人类最主要的表达方式，故写作当之无愧地称得上最实用的学问之一。从学习写作的理论，到动笔实践，是每个人生活中必经的历程。一笔一画，有规有矩，成方圆；一字一句，情真意切，动人心。

《写作（一）》一书立足于自考考生的学习特点，对写作能力素养的培养、文章的谋篇布局、各式文体的写作规范都进行了深入浅出的讲解，学以致用。本书吸纳了尚德学术中心最新教研成果，紧随自考变化，设计模块化学习系统，帮助考生突破该科目试题分值高、重积累、重应用的难点，全面提高学习效果。

本书适用于全国高等教育自学考试汉语言文学专业的考生，同时也供想要深入了解写作知识、提高写作能力的读者使用。

图书在版编目（CIP）数据

写作. 一/尚德机构学术中心主编. —北京：清华大学出版社，2020.2
ISBN 978-7-302-54845-4

Ⅰ. ①写…　Ⅱ. ①尚…　Ⅲ. ①汉语-应用文-写作-高等教育-自学考试-自学参考资料
Ⅳ. ①H152.3

中国版本图书馆 CIP 数据核字（2020）第 017710 号

责任编辑：周　菁
封面设计：尚德机构学术中心
责任校对：王荣静
责任印制：宋　林

出版发行：清华大学出版社
　　　　网　　　址：http://www.tup.com.cn，http://www.wqbook.com
　　　　地　　　址：北京清华大学学研大厦 A 座　　　　　邮　　编：100084
　　　　社 总 机：010-62770175　　　　　　　　　　　　邮　　购：010-62786544
　　　　投稿与读者服务：010-62776969，c-service@ tup.tsinghua.edu.cn
　　　　质量反馈：010-62772015，zhiliang@ tup.tsinghua.edu.cn
印 装 者：北京鑫海金澳胶印有限公司
经　　销：全国新华书店
开　　本：185mm×260mm　　　　印　张：12.25　　　　字　　数：251 千字
版　　次：2020 年 4 月第 1 版　　　　　　　　　　　　印　　次：2020 年 4 月第 1 次印刷
定　　价：40.00 元

产品编号：086400-01

前 言

知己知彼——了解《写作（一）》

写作能力是一个人综合素质的体现,写作是汉语言文学专业的重要基础课。本书希望在讲解写作基础知识的同时,综合提升考生的写作能力。

本教材针对汉语言文学专业对学生写作能力的要求,追求理论与实用性并重。本书前三章可以归为写作主体论,包括写作活动、写作行为、作者素养与能力、写作思维、写作实践等知识。第四至第九章是写作过程的专题练习,逐一讲解了写作过程的各个环节,从素材的积累到选题立意,再到谋篇行文,直到成文后的修改,要想写出优秀的文章,每个环节都至关重要。从第十章开始,本书分类别介绍了各类文章的特征、写作规范及写作方法,涵盖了文学写作、学术写作和实用写作三大方面,最后简要地介绍了申论的写作知识。

本书在内容框架上以文学写作和文艺类学术写作为重点,知识上更加专门化,因而更具有可操作性。本书把知识梳理和训练过程绑在一起,写作过程的专项训练意在帮助学生深入理解每一个写作环节的操作程序与技巧;而分体写作实践,意在使学生综合掌握每一类文体的写作规律,积累写作的实战经验。

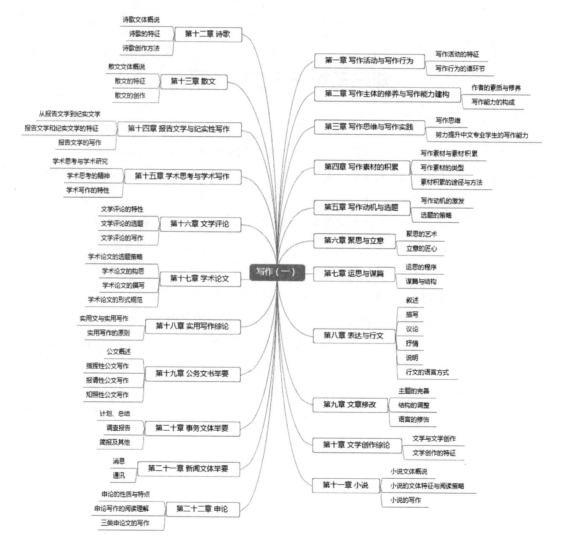

一、全书思维导图

　　全书思维导图为我们呈现了本书的整体知识脉络，通过导图可以清晰地看出每章所需要掌握的主要知识点。学习的过程是对框架充实的过程，犹如亲手为树干添加一片片的绿叶，是树干的收获也是我们的收获。同样，对于考前复习来说，导图也功不可没。沿着框架，以点带线，由线及面，能够帮助我们快速将知识点串联起来，一本书由厚变薄，知识点就都装进我们的脑子里了。

二、如何使用这本教材

1. 熟悉导图

在每一章开始的地方,本书都将以导图的形式将该章的知识点呈现出来。思维导图能让我们一目了然地看到马上要接触的知识点有哪些。

2. 进入知识点

每个知识点后面,本书都为大家贴心地标上了重要程度(随着☆增多,重要程度依次升高),同学们在复习时可以有所侧重,又一"多快好省"的技能得到啦!

除此之外,知识点下面会有知识解读、图示等,帮助同学们快速掌握知识点。

3. 真题演练

学习完知识点之后,赶快来"真题演练"模拟操练一下,既可以检测学习效果,又可以加深记忆,可谓一箭双雕、一举两得。

4. 模拟试卷

看到这里同学们已经接近终点站了,在到站之前,本书带领同学们测试一下自己的能力水平,用两套我们精心准备的模拟试卷来帮助同学们更好地查漏补缺,通过考试!

目　录

第一章　写作活动与写作行为

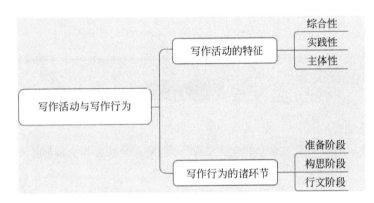

第一节　写作活动的特征

本节主要介绍写作的概念和写作活动的特征。特征包括以下几点：

综合性 —— 实践性 —— 主体性

 知识点 1

写作的概念☆☆

写作是一种以**语言文字**为媒介的**文化交流行为**，是人类社会各个领域不可或缺的**信息记录与传播方式**。

知识解读

考生应着重掌握写作的概念。本知识点常考选择题。

真题小练

【单选题】

(2016 年 4 月全国) 写作是一种以语言文字为媒介的(　　)

A. 文化交流行为　　　　　　　　B. 信息记录行为

C. 表达情感行为　　　　　　　　D. 思想传播行为

【答案】　A

【解析】　写作是一种以语言文字为媒介的文化交流行为，是人类社会各个领域都不可或缺的信息记录与传播方式。

 知识点 2

综合性☆☆

综合性：一篇好的文章或作品的完成，一个作者写作水平的高低，所依赖的**不仅是写作技能**，还有作者学识、思想、情感以及对生命感悟。

体现综合性的例子：陆游教导其儿子："汝果欲学诗，工夫在诗外"。

知识解读

本知识点应注重对于综合性的理解，如果一种观点强调写作以外的知识技能的重要性，

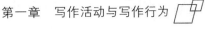

则其体现了写作活动的综合性。

真题小练

【单选题】

(2018年10月全国)诗人陆游教导其儿作诗,"汝果欲学诗,工夫在诗外",这表明了写作活动具有极强的(　　)

A. 综合性　　　　B. 实践性　　　　C. 自然性　　　　D. 主体性

【答案】　A

【解析】　一篇好的文章或作品的完成,一个作者写作水平的高下,所依赖的不仅是写作技能,还有作者学识、思想、情感以及对生命的感悟。陆游"工夫在诗外"的观点强调了写作以外的知识技能的重要性,故体现了写作活动的综合性。

 **知识点3**

实践性☆

实践性:写作是一种**实践活动**,写作能力是一种将个人的所思、所想、所得、所获**诉诸笔端**与他人交流共享的最基本的表达与沟通的技能。

知识解读

本知识点应注重对于实践性的理解,如果一种观点强调**动笔表达**的重要性,则其体现了写作活动的实践性。

牛刀小试

【单选题】

写作能力是将个人所思、所想、所得、所获诉诸笔端的表达与沟通的技能,这种观点表明写作活动具有(　　)

A. 综合性　　　　B. 实践性　　　　C. 自然性　　　　D. 主体性

【答案】　B

【解析】　本题考查对于写作活动特征的理解。"诉诸笔端"和"表达与沟通"体现了动笔实践,故选择B项。

 **知识点4**

主体性☆

主体性:写作是一种带有鲜明**个体色彩**的创造性活动,每个**作者**的思想、情感、风格都会通过作品抒发或流露出来,从而使文本呈现不同的风貌。

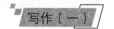

■ **知识解读**

本知识点应注重对于主体性的理解,写作的主体是作者。如果一种观点强调**作者的特点**(**如思想感情**),则其体现了写作活动的主体性。

■ **真题小练**

【单选题】

(2018年4月全国)每一篇作品都熔铸了作者独特的经验、思维、才情、品格、见解和语言风格,因此,从这个意义上讲,写作活动具有鲜明的(   )

A. 综合性　　　　B. 实践性　　　　C. 自然性　　　　D. 主体性

【答案】　D

【解析】　写作是一种带有鲜明个体色彩的创造性活动,每个作者的思想、情感、风格都会通过作品抒发或流露出来,从而使文本呈现不同的风貌。本题观点强调作者的独特风格,作者是写作的主体,故体现的是写作的主体性。

■ **牛刀小试**

【单选题】

写作活动的主要特征是(   )

A. 综合性、逻辑性、开放性　　　　　　B. 准确性、鲜明性、生动性

C. 综合性、实践性、主体性　　　　　　D. 综合性、生活性、主体性

【答案】　C

【解析】　写作活动的主要特征包括:(1)综合性,指好的作品是作者学识、思想、情感以及对生命感悟的综合体现;(2)实践性,指写作能力是一种将个人的所思、所想、所得、所获诉诸笔端与他人交流共享的最基本的表达与沟通的技能;(3)主体性,指每个作者的思想、情感、风格都会通过作品抒发或流露出来,从而使文本呈现不同的风貌。

第二节　写作行为的诸环节

本 节 内 容 提 要

本节主要介绍写作行为的各个环节:写作准备阶段、构思阶段和行文阶段,即由"知"到"思"再到"行"的过程。

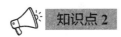 **知识点 1**

准备阶段☆

写作素材的收集

（1）前写作阶段的积累

（2）从特定的写作目标出发，有针对性地收集素材。

写作动机的生成

（1）文学创作：新奇事物的触发，有偶然性和机遇性。

（2）学术写作：社会的需要、对问题的发现与思考。

（3）实用写作：个人记述、职业需要、工作安排。

写作选题的形成

是学术写作中更重要的问题。学术写作选择客体的前提是发现问题，选题就是选择研究对象和研究范围。

知识解读

本知识点一般考查单选题。考生应着重注意"写作准备阶段的重要环节是动机与选题"。

牛刀小试

【单选题】

除了积累素材之外,写作的准备阶段的另一个重要环节是(   )

A. 聚思与立意   B. 动机与选题   C. 运思与谋篇   D. 叙述与描写

【答案】 B

【解析】 写作的准备阶段包含素材的积累、动机与选题。A、C 两项属于构思阶段,D 项属于行文阶段。

知识点 2

构思阶段☆

聚思与立意
（一次筛选）

确立本次写作的核心内容，解决写什么的问题。

（1）聚思：将激发创作冲动的感情、人物、事件、场景、意象、思索、困惑等凝聚到一个焦点上，变成条理化的题材、内容，逻辑化的思想。

（2）立意：确立文章的主旨。寻找文本要表现的思想主题，明确作品要讲述的核心内容或主要论题。

运思与谋篇
（二次筛选）

确立文本的主要表现内容、结构框架、制定写作大纲。

（1）运思，即对文章进行整体设计，在头脑中完成。

（2）谋篇，是运思内容的具体化。过程是：①剪裁：将素材加以梳理，有所取舍；②布局：统筹全局，安排好各部分之间的顺序，"处理各要素之间的关系，形成文本表达的条理和层次"。

■ **知识解读**

　　本知识点一般考查单选题。考生应着重注意构思阶段中运思的含义,其他的内容了解即可。

■ **真题小练**

【单选题】

　　(2018年4月全国)古人所谓"袖手于前""成竹在胸"是指在写作前对文章进行整体设计,包括了设计文章的主题、表现方式、主要论据以及论证方式等,这种常常在头脑中完成的设计是文章构思阶段中的(　　)

　　A. 聚思　　　　　　B. 立意　　　　　　C. 运思　　　　　　D. 谋篇

【答案】　C

【解析】　运思就是对文章进行整体设计,从主题到故事情节、人物形象到表现方式,从中心论点到分论点,到主要论据、论证思路、推理方式。这种设计常常是在头脑里完成的,古人所谓"袖手于前""成竹在胸"说的都是这个环节。

知识点 3

■ **行文阶段**☆

☞（1）表达方式:叙述、描写、抒情、议论、说明
☞（2）行文中不同语体的特征
写作中语言表达最基本的标准是得体。
①文艺语体:追求创造性和个性,突破已有的表达模式和语言规范,是"陌生化"的语言操作。
②科技语体:追求精确、严谨、凝练,尽可能避免表达的歧义和带有主观感情色彩的修饰。
③政论语体:严密的逻辑性,注重说服力、感染力和鼓动性,比较讲究语言的技巧。
④事务语体:表意明确、直接,尽量不用表意模糊的修辞手段,重视行文的格式,常采用规范的称谓语气和习用的套语。

名师解读

■ **知识解读**

　　本知识点一般考查单选题。考生应着重注意行为表达的基本标准和根据写作目的不同划分。

■ **牛刀小试**

【单选题】

　　根据不同文类和文体的言说方式与表达特点,语体大致可以分为(　　)

A. 叙述语体、描写语体、抒情语体、议论语体

B. 口语语体、书面语体

C. 公务语体、社交语体、文艺语体、科技语体

D. 文艺语体、科技语体、政论语体、事务语体

【答案】　D

【解析】　不同的文类和文体有不同的言说方式与表达特点,这便是通常所说的语体。根据不同的写作目的,可以把语体分为文艺语体、科技语体、政论语体与事务语体。

第二章　写作主体的修养与
写作能力建构

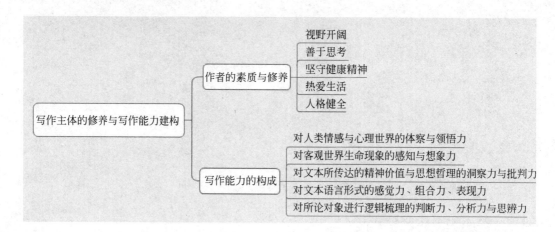

第一节 作者的素质与修养

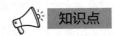

本节主要介绍优秀的写作者应具备什么素质和修养。

作者的素质与修养☆☆

1. 作者作为创造主体,是写作活动的**发动者**和**中心**。

2. 任何一部语言文字作品,其内容的优劣,表达水平的高低,都与撰写者的文化修养、精神品位、学术功力乃至语文造诣有着直接的关系。

3. 一个优秀的写作者:(1)应当是一个视野开阔,知识储备丰富或在某个学科领域术有专攻的人;(2)应该是一个思想者;(3)应当是一个健康精神价值的坚守者和捍卫者;(4)应当是热爱生活,能体察生命之美的有心人;(5)应当具有健全的人格。

知识解读

本知识点一般考查单选题和判断分析题。考生应着重注意作者的素质与修养有哪些。

真题小练

【单选题】

1. (2014年10月全国)下列不属于优秀写作者素质与修养的品质是( )

A. 能坚守和捍卫健康的精神价值 　　B. 视野开阔、知识储备丰富、或术有专攻

C. 善于与人交往、能说会道 　　D. 对事物有独立的思考和判断

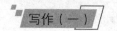

【答案】 C

【解析】 一个优秀写作者：（1）应当是一个视野开阔、知识储备丰富或在某个学科领域术有专攻的人；（2）应该是一个思想者；（3）应当是一个健康精神价值的坚守者和捍卫者；（4）应当是热爱生活，能体察生命之美的有心人；（5）应当具有健全的人格。

2.（2016年4月全国）有责任感的作者应当坚守和捍卫的是（　　　）

　　A. 健康精神价值　　　　　　　　B. 语言美化纯化

　　C. 个人表达风格　　　　　　　　D. 自由开放个性

【答案】 A

【解析】 本题考查优秀写作者应具备的素质和修养。一个优秀的作者应当是健康精神价值的坚守者和捍卫者。

【判断分析题】

3.（2015年4月全国）一部作品内容的优劣、表达水平的高低都与撰写者的文化修养、精神品位、学术功力乃至语文造诣有着直接的关系。

【答案】 √。因为写作活动是一种创造性的精神活动，作者作为写作主体是整个写作活动的发动者和中心。在写作的准备、构思、行文等阶段中，写作主体都发挥主导作用，因此，作者的修养直接影响着作品。

第二节　写作能力的构成

本 节 内 容 提 要

本节主要论述学生阅读与写作能力的五要素。

知识点 1

■对人类情感与心理世界的体察与领悟力☆

情感是文学最根本的原动力。文学之所以能够打动读者、具有无穷艺术魅力，其中一个重要因素是：文学寄托了人的情感，表现了人的情感。情感通过不同形式的文学性写作得到寄托、表现和升华，文学作品也由于对人类情感世界的千姿百态的艺术呈现而尽显其审美的品格与魅力。

对客观世界和生命现象的感知与想象力☆

孙绍振《文学创作论》提出,一个优秀的写作者应当具备两项特殊技能:

能用有限的语言信息,激起无限的想象和回忆

能用抽象的语词构成感性的形象

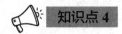

对文本所传达的精神价值与思想哲理的洞察力与批判力☆

1. 一部优秀的作品之所以能打动读者,除了真切的情感、生动的形象之外,思想的魅力也是不可或缺的。

2. 写文章需有一个立意,即作者欲表达的思想之凝聚点。立意的深刻、新颖与否反映出作者的胸襟与视野,也反映出作者的批判力和洞察力。

3. 无论我们是要认识社会价值,发现生活的真谛,还是要理解一部作品所表达的哲理,思想的批判力是必不可少的。

4. 一篇优秀作品的价值有赖于作品所体现的价值关怀与人格力量。

知识点 4

对文本语言形式的感受力、组合力、表现力☆

一个好的作者对美的语言有着敏锐的感觉和出色驾驭能力。胡适"五四"时代《建设的文学革命论》中总结四条原则:

要有话说,方才说话。

有什么话,说什么话;话怎么说,就怎么说。

要说我自己的话,别说别人的话。

是什么时代的人,说什么时代的话。

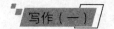

知识点5

■ **对所论对象进行逻辑梳理的判断力、分析力与思辨力** ☆

1. 从思维角度讲,写作是一种定向思维,多数作者都是怀着明确的目的进行写作的。任何作品在其行文即语言表达方面,都必须讲究文思和文理。

2. 文思,是指文章的总体构思,包括立意与选材,都必须有逻辑上的合理性。

3. 文理指的是文本的结构框架,行文的脉络线索,从操作层面看,就是要处理好语言表达的主次关系和逻辑顺序。

■ **知识解读**

本节一般综合考查写作能力的五要素。常考题型为单选题。

■ **真题小练**

【单选题】

(2014年4月全国)下列关于能力的表述中,不属于基本写作能力构成要素的是(　　)

A. 对科学技术理论的认知与理解力

B. 对文本语言形式的感受力、组合力、表现力

C. 对人类情感与心理世界的体察与领悟力

D. 对客观世界和生命现象的感知与想象力

【答案】　A

【解析】　基本写作能力构成要素包括:

1. 对人类情感与心理世界的体察与领悟力。

2. 对客观世界和生命现象的感知与想象力。

3. 对文本所传达的精神价值与思想哲理的洞察力与批判力。

4. 对文本语言形式的感受力、组合力、表现力。

5. 对所论对象进行逻辑梳理的判断力、分析力与思辨力。

第三章　写作思维与写作实践

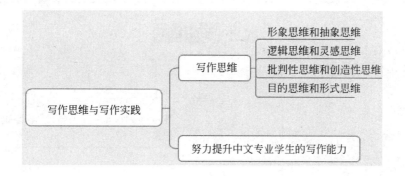

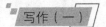

第一节 写作思维

本节主要介绍写作思维的概念和内容。

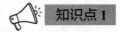

知识点 1

■ 形象思维和抽象思维☆

（2）抽象思维：客观现实间接的、概括的反映过程，主要形式有抽象、概括

（1）形象思维：基于事物之间关联性和相似性，最主要的形式是联想和想象。

■ 知识解读

　　文学写作有时也会依赖对事物的抽象思维，如对作品主题的概括，对自然和人类价值的思考与哲理的提炼，乃至对现实社会矛盾的反思。

　　本知识点一般考查判断分析题。考生应着重理解形象思维与抽象思维的主要形式。

■ 真题小练

　　【判断分析题】

　　（2017年4月全国）文学作品用形象说话，因而文学写作可以离开抽象思维而依赖于形象思维。

　　【答案】　×。形象思维对文学写作来说固然重要，但是文学写作有时也会依赖对事物的抽象思维，如对作品主题的概括，对自然和人类价值的思考与哲理的提炼，乃至对现实社会矛盾的反思。

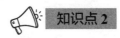

知识点 2

■ 逻辑思维和灵感思维☆☆

逻辑思维	1. 逻辑思维 以分类的原则对世界进行重新整理 2. 常见的逻辑方式 （1）**演绎**：演绎逻辑，指的是由一般推出特殊（个别）的推理方式，表现为由已知的前提

续表

逻辑思维	必然地推出结论的思维方式 (2) 归纳：归纳逻辑，是指从许多个别事物的研究和分析之中，归纳出一个普遍结论的思维方式；换言之，它是用个别的、具体的事实作为论据来对论点的真实性进行论证和说明
灵感思维	灵感思维 突然产生的豁然开朗的顿悟现象，特征：突发性、偶然性、短暂性、亢奋性、突破性

知识解读

本知识点一般考查单选题。考生应着重理解逻辑思维和灵感思维的概念和特征。

真题小练

【单选题】

1. (2017 年 10 月全国)用个别的、具体的事实作为论据来对论点的真实性进行论证和说明的思维方式是(   )

    A. 演绎逻辑　　　　B. 抽象思维　　　　C. 归纳逻辑　　　　D. 目的思维

【答案】 C

【解析】 归纳逻辑，是指从许多个别事物的研究和分析之中，归纳出一个普遍结论的思维方式。换言之，它是用个别的、具体的事实作为论据来对论点的真实性进行论证和说明。

2. (2019 年 4 月全国)以下不属于灵感思维特征的是(   )

    A. 突发性　　　　B. 偶然性　　　　C. 亢奋性　　　　D. 延续性

【答案】 D

【解析】 灵感思维特征包括：突发性、偶然性、短暂性、亢奋性、突破性。

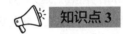

知识点 3

批判性思维和创造性思维 ☆ ☆

(1) 批判性思维的前提是怀疑精神，一切科学和知识的发展都是从疑问开始的；其次，批判性思维是有目的的、自我校准的判断

(2) 创造性思维，是一种具有开创意义的思维活动，即开拓人类认识新领域、开创人类认识新成果的思维活动

知识解读

本知识点一般考查单选题。考生应着重注意批判性思维和创造性思维的定义。

真题小练

【单选题】

(2016 年 4 月全国)批判性思维的前提是(   )

A. 怀疑精神　　　　B. 传播知识　　　　C. 创造精神　　　　D. 分析事理

【答案】 A

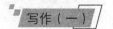

【解析】 批判性思维的前提是怀疑精神,一切科学和知识的发展都是从疑问开始的。

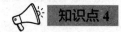 知识点 4

■ **目的思维和形式思维**☆☆

目的思维	目标是激发写作动机的内驱力,有明确的写作理想,有实现理想目标的强烈愿望,是写作动机启动的重要因素
形式思维	将想要表达的内容纳入形式规范的轨道加以熔铸,要求作者在写作中相应地建立文体意识、结构意识和语言意识,包括**文体思维**、**结构思维**和**修辞思维**

■ **知识解读**

本知识点一般考查单选题。考生应着重注意目的思维和形式思维的概念。

■ **真题小练**

【单选题】

1.(2014 年 10 月全国)下列思维形态中,不属于形式思维的是(   )

A. 修辞思维　　　B. 目标思维　　　C. 结构思维　　　D. 文体思维

【答案】 B

【解析】 形式思维包括文体思维、结构思维和修辞思维。目标思维不同于形式思维,目标是激发写作动机的内驱力。

2.(2019 年 4 月全国)作者将想要表达的内容纳入形式规范的轨道加以熔铸,从而在写作中相应地建立文体意识、结构意识和语言意识,这是写作活动中的(   )

A. 形象思维　　　B. 抽象思维　　　C. 形式思维　　　D. 目的思维

【答案】 C

【解析】 所谓形式思维,包括文体思维、结构思维和修辞思维,其作用在于将作者想要表达的内容纳入形式规范的轨道加以熔铸。要求作者在写作中相应地建立文体意识、结构意识和语言意识。

第二节　努力提升中文专业学生的写作能力

 本 节 内 容 提 要

　本节主要介绍如何培养汉语言文学专业大学生的创作能力,即表达自我诉求和自我情感的能力。

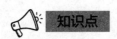

怎样努力提升中文专业学生的写作能力 ☆

（1）引导他们直面社会,用心投入生活。

（2）在生活体验的基础上需要掌握更多专业化的知识及能力。

（3）要形成良好的练笔习惯。

知识解读

本知识点历年考查次数较少,考生简单了解即可。

第四章　写作素材的积累

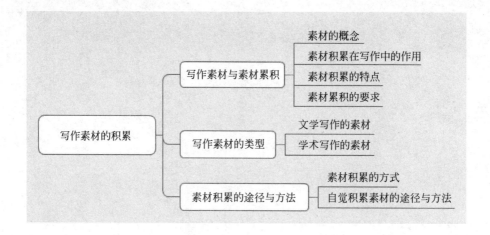

第一节　写作素材与素材积累

本节主要介绍素材的含义、特点、要求和在写作中的作用。

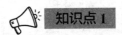

素材的含义☆

> 素材，既指"为创作需要而收集的原始材料"，还指在写作目标出现之前，作者生命际遇中的原始事件、事实、表象以及知识、日常经验等。

知识解读

考生需重点掌握素材的含义以及运用时需要注意的事项，常考查选择题。

真题小练

【单选题】

(2016 年 10 月全国) 为创作而收集的原始材料是(　　)

A. 素材　　　　　　　　　　　B. 材料

C. 质料　　　　　　　　　　　D. 题材

【答案】　A

【解析】　素材，既指"为创作需要而收集的原始材料"，还指在写作目标出现之前，作者生命际遇中的原始事件、事实、表象以及知识、日常经验等。

■ 素材积累在写作中的作用☆

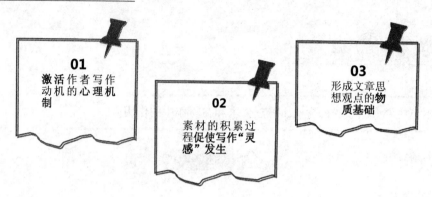

01 激活作者写作动机的心理机制

02 素材的积累过程促使写作"灵感"发生

03 形成文章思想观点的物质基础

■ 知识解读

此处常考查单选题，考生需识记素材积累在写作中的作用有哪些。

■ 真题小练

【单选题】

（2019年4月全国）形成文章思想观点物质基础的是（　　）

A. 写作主体的素养　　　　　　　B. 素材积累

C. 写作动机　　　　　　　　　　D. 写作选题

【答案】　B

【解析】　素材积累在写作中的作用：(1)能够激活作者写作动机的心理机制；(2)积累过程促使写作"灵感"发生；(3)是形成文章思想观点的物质基础。素材积累的本质就是思想储备。

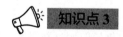

■ 素材积累的特点☆

自然性 人对素材的积累是按照大脑自身的生理法则储存

持续性 积累的时间是漫长的

系统性 积累的条理性和系列化

独特性 作者建立的素材系统具有鲜明的个性色彩和职业色彩

■ 知识解读

此处常考查单选题，考生需识记素材积累的四个特点。

■ **牛刀小试**

【单选题】

素材积累的特点不包括(　　)

A. 自然性　　　　　　B. 持续性　　　　　　C. 分散性　　　　　　D. 独特性

【答案】　C

【解析】　素材积累的特点包括自然性、持续性、系统性和独特性。素材积累是条理性和系列化的,而非分散的。

■ **素材累积的要求☆**

(1) 贵在"勤"字,"勤能补拙"。
(2) 要丰富。无论从事哪一领域的写作,都不能仅从自己的职业、专业出发去积累素材,而要着眼于社会人的存在状态。
(3) 要与思考紧密结合。
(4) 要及时整理。

■ **知识解读**

此处常考查单选题,考生需识记素材积累的四个要求。

■ **真题小练**

【单选题】

(2016 年 4 月全国)积累素材贵在(　　)

A. 勤　　　　　　B. 多　　　　　　C. 杂　　　　　　D. 精

【答案】　A

【解析】　积累素材贵在"勤"字。"勤能补拙",优选材料,聚少成多,写文章才能"取精用宏",信手拈来。

第二节　写作素材的类型

本节主要介绍一般素材积累包含的内容以及不同种类文章对写作素材积累的不同要求。

■ 文学写作的素材 ☆

一般素材积累	（1）感性素材储备，即对客观现象、客观事实的积累 （2）知识素材，即对总结了前人实践经验著述的书本知识的积累 （3）思想观点素材，主要是对前人各阶段有价值的学术思想、学术观点的汲取 （4）情感素材，即对参加社会实践活动中的心理感受的储备
文学素材积累	文学写作应注重对人、事、景物等素材的积累

■ 学术写作的素材 ☆

学术写作的素材	现象素材：现象是事物发展的外部形态。如语言现象、文学现象、历史现象、政治现象、经济现象、心理现象、文化现象、自然现象等
	事实素材：事实是客观世界或社会实践中已经发生的事情的真实情况
	实物素材：实物资料是反映现象与事实的具体物件
	数据素材：数据是指反映事物量的规定性的一些数字，是各种计算、科学研究、技术设计所依据的数值
	文献素材：指有历史价值和资料价值的图书资料

第三节　素材积累的途径与方法

本节主要介绍写作素材的积累方式和自觉积累素材的途径与方法。

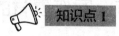

■ 素材积累的方式 ☆

从心理学的角度看，对写作素材的积累可分为无意识积累与有意识积累。

无意识积累	有意识积累
生活中，人们没有明确写作目的，也不加任何努力，顺其自然获得生命经验感知，称之为无意识自动积累，其属于自动保存积累。无意识素材积累在文学创作中发挥的作用特别明显，尤其是**散文写作**，比起其他文学体裁对无意识积累的素材的运用更为直接。	是指在远期写作方向或近期具体写作目标的引导下主动获取材料。要从两方面重视（有意识的）经验积累：即直接经验材料和间接经验材料的获取素材。

知识解读

考生需识记无意识积累和有意识积累的概念,对其内容进行了解即可,常考查选择题。

牛刀小试

【单选题】

无意识素材积累在文学创作中发挥的作用特别明显,尤其是( )

A. 诗歌写作　　　B. 散文写作　　　C. 小说写作　　　D. 公文写作

【答案】 B

【解析】 无意识素材积累在文学创作中发挥的作用特别明显,尤其是散文写作,比起其他文学体裁对无意识积累的素材的运用更为直接。

 知识点2

自觉积累素材的途径与方法 ☆☆☆

观　察	调　查	阅　读　集　录
(1) 类别: ①艺术观察,是运用审美的眼光去认识和捕捉社会生活中的人物、事件以及景观等美的形象,以获取创作素材的一种感知活动。 ②科学观察,是人们有目的、有计划地感知和描述客观事物的一种科学认识方法。 ③实用观察,指一般人运用感觉器官感受外界的各种刺激,捕捉周围事物的一种感知活动。 (2) 艺术观察内容的实施: ①选取理想的观察视点和方法。 ②抓住观察对象的特点。 ③做好观察记录。	(1) 按目的分为:社会调查、科学调查。 (2) 按调查对象覆盖的范围分为: ①普遍调查,即在一定范围里对所有的对象进行调查。 ②典型调查,即解剖个别典型以了解一般情况。 ③抽样调查,即在一定调查范围内,从总体调查对象中抽取部分样本以推测整体的情况。 ④重点调查,即在一定范围里选取重点样本为对象进行调查。 (3) 按形式分为:统计调查、问卷调查、网络调查。	(1) 阅读分类:"审美的阅读"和"理解的阅读"。 (2) 阅读对象和阅读策略的选择:专业基础理论方面的教科书、本学科的经典名著等;与本专业、本课题相关的书籍、文章等;阅读中重视语言素材的积累。 (3) 阅读要求:选择要合理;难易要适当;与观察、社会调查相结合;与评价相结合。 (4) 阅读集录的方式:剪贴集录、专题卡片集录、图表演示集录、网络集录。

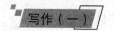

■ **知识解读**

对于本知识点的内容考生需要着重理解,如观察的类别及含义、艺术观察内容的实施和调查的分类,常考查选择题,属于一般考点。

■ **真题小练**

【单选题】

(2018年4月全国)"浓绿万枝红一点,动人春色不须多"是指为了给作品的感染力打下基础,写作者在观察时应(　　)

A. 选取理想的观察视点和方法　　　　B. 抓住观察对象的特点

C. 做好观察记录　　　　D. 选取理想的观察方法

【答案】　B

【解析】　艺术观察内容的实施包括:选取理想的观察视点和方法;抓住观察对象的特点;做好观察记录。写作者在观察时应抓住观察对象的特点。"浓绿万枝红一点,动人春色不须多",说的就是抓住有特征、典型的素材,才会为提高写作的感染力打下基础,与B项符合。

第五章　写作动机与选题

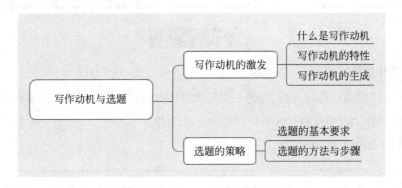

第一节　写作动机的激发

本 节 内 容 提 要

> 本节主要介绍什么是写作动机、写作动机的特性以及写作动机的生成。

知识点 1

▣ 什么是写作动机☆

1. 动机是人的内在心理过程，人的一切活动都是由一定动机所引起的。写作是一种心灵的创造活动，写作动机是作者投入写作活动的内在动力。

2. 写作动机构成的要素包括：

> （1）**需要**：是引起动机的**内在条件**，是动机产生的**基础**；是人机体内的一种不平衡状态，它表现为人对某种客观事物的要求。作家把文学创作看成是自己生活方式的一部分，是基于艺术人格之上的动机，能够满足作者自我实现的需求。
>
> （2）**目标意图**：是指行为主体根据自身的需要，借助意识、观念的中介作用，预先设想的行为目的和结果，是动机产生的归宿和努力方向。在写作活动中，作者的意图贯穿写作实践过程的始终，是推动其行动的现实力量。
>
> （3）**情绪、情感**：是人对客观事物的态度体验及相应的行为反应，是联结需要和意图的动力。需要和目标都要在情感、情绪驱使下才能获得实在的体现。
>
> （4）**意志**：是要实现目的而产生的心理状态，它伴随着动机的产生而发生，常以语言或行动表现出来。在写作行为过程中，意志表现为权衡写作动机，自觉确定目标，并根据目标调节行动。

▣ 知识解读

考生需识记什么是写作动机，对其内容进行了解即可，常考查选择题。

▣ 真题小练

【单选题】

（2017 年 4 月全国）写作动机作为一种复杂的动态系统包含了多种成分、要素，其中引发写作动机的内在条件，作为创作动机产生基础的是（　　　）

A. 写作需要　　　B. 目标意图　　　C. 写作意志　　　D. 写作兴趣

【答案】　A

【解析】　写作动机构成的要素有需要、目标意图、情绪与情感、意志。(1)需要：是引起动机的内在条件，是动机产生的基础；(2)目标意图：是指行为主体根据自身的需要，借助意识、观念的中介作用，预先设想的行为目的和结果，是动机产生的归宿和努力方向；(3)意志：是要实现目的而产生的心理状态，它伴随着动机的产生而发生，常以语言或行动表现出来。在写作行为过程中，意志表现为权衡写作动机，自觉确定目标，并根据目标调节行动。A最符合题意，故可排除BCD，选A。

写作动机的特性☆

写作动机的特性包括：

知识解读

考生需识记写作动机的特性，对其内容进行了解即可，常考查选择题。

真题小练

【单选题】

1.(2014年10月全国)贾平凹说"书写于我，是作用于社会，作用于时代，也同时是为了我自己的受用。"这句话表明写作动机所具有的特点是(　　)

A.复杂性　　　　B.功利性　　　　C.客观性　　　　D.明确性

【答案】　A

【解析】　写作是由需要这一原始动力引发的，而人的需要不仅多样，且可能同时发生，故而当多种需要引发的多种动机组合成动态系统，共同作用于写作活动时，动机便呈现出复杂状态。因此，写作动机具有复杂性。正如贾平凹说："书写于我，是作用于社会，作用于时代，也同时是为了我自己的受用。"

2.(2019年4月全国)以下不属于写作动机特性的是(　　)

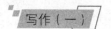

A. 复杂性　　　　　B. 主体性　　　　　C. 综合性　　　　　D. 社会性

【答案】　C

【解析】　写作是一种精神性的创造活动,其动机具有一些不同于人类普通动机的特殊属性。写作动机的特性包括:复杂性、主体性和社会性。

■ **写作动机的生成☆**

写作动机的生成	内　　容
文学写作动机的生成	(1) 外物激发方式 ① "原型激发",作者受生活中的人和事的直接启发而创作,例如:《焦裕禄》 ② "情景诱引",特殊情境氛围触发了作者创作冲动,例如:《百合花》 ③ "外物启示",外部某物件或形象图景引发了作者强烈的创作冲动,例如:《钦契一家》 ④ "思想点化",在阅读或与人交流中得到某种思想的启示而形成,例如:《余震》 (2) 内部激发方式:触发源主要来自作者心理世界
学术写作动机的生成	与职业关系相辅相成。从研究主体的态度角度区分,学术写作的动机有主动动机与被动动机两类 ① 主动动机:指作者在自己所选择的职业工作领域里,发现了(偶遇)相关的问题对象,积极投入研究 ② 被动动机:写作的原初动机并非来自于作者内心世界的渴求,未能显示作者的主动意识
实用写作动机的生成	既受外部力量的驱使,也受内部驱动力的支配,实用写作的外部动机主要表现为"功利目的"和受"他人意志"支配驱使这两种形态 ① 功利目的:"实用性"是其功利特征,"用的需要"是动机生成的重要因素 ② 受他人意志支配的写作,多数情况可视为"职业受命写作"

■ **知识解读**

文学写作动机生成的主要方式是学习重点,考生理解记忆每个方式的含义即可,常考查选择题。

■ **牛刀小试**

【单选题】

1. 内部激发式动机的触发源主要来自(　　　　)

A. 作者的心理世界　　　　　B. 思辨的力量

C. 职业的需要和工作的安排　　　　　D. 对问题的发现和思考

【答案】　A

【解析】　内部激发式动机的触发源主要来自作者的心理世界。无意识发动是内部激发式动机生成的一种典型。

2. 在阅读或者与人交流中得到某种思想的启示而形成的写作动机属于文学写作外物激

发方式中的(　　)

　　A. 原型激发　　　　B. 情景诱引　　　　C. 外物启示　　　　D. 思想点化

【答案】　D

【解析】　思想点化,即在阅读或者与人交流中得到某种思想的启示而形成写作动机的方式。例如,华裔女作家张翎的小说《余震》的创作就缘于阅读,其在看了回忆录《唐山大地震亲历记》后,深有感触,《余震》的创作由此而起。

第二节　选题的策略

本节主要介绍选题的基本要求、方法和步骤。

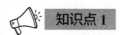

选题的基本要求☆

选题的基本要求	**本色与当行**:"本色"与"当行"二词出自宋人严羽《沧浪诗话》,即选取符合主体写作范式和内在意愿的题材
	适度与适当:选题的范围大小、领域的宽广都要符合作者个人的量度。选题的度是由主体自我的"自律"和客观环境的"他律"综合作用形成的合力所造就的
	辨识与辩证: (1) 辨识即要求依据写作者的表达性标准来检验所选题材的外在物质化外壳 (2) 辩证则是对选题进行形而上的科学分析,从理性思维的角度看主观控制力能否把握选题的全部

知识解读

　　此处常考查选择题,考生需对选题的三个基本要求进行理解记忆。该知识点属于必考考点。

真题小练

【单选题】

(2016 年 4 月全国)选题的范围大小、领域的宽广都要符合作者的(　　)

A. 个人目的　　　B. 个人兴趣　　　C. 个人感情　　　D. 个人量度

【答案】　D

【解析】　选题的范围大小、领域的宽广都要符合作者个人的量度。总之,选题的度是由主体自我的"自律"和客观环境的"他律"综合作用形成的合力所造就的。

■ **牛刀小试**

【单选题】

下列不属于选题的基本要求的是(　　)

A. 本色与当行　　　B. 主观与客观　　　C. 适度与适当　　　D. 辩识与辩证

【答案】　B

【解析】　写作选题是在写作动机的激发下进一步的对象化的过程。选题的基本要求包括：本色与当行、适度与适当和辩识与辩证。

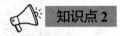

知识点 2

■ **选题的方法与步骤☆**

选题的方法与步骤	学术写作的选题：从价值性、可行性等方面评估选题
	文学写作的题材选择： (1) 具有自由性、主观性和命意性 (2) 文学体裁不同，选题的角度和着眼点也各有差异。诗歌以抒情为主，情感思维起关键性作用；散文注重"纪实性"，由生活情境透露细腻的情感体验和幽微的人生哲理。小说更注重人物、事件、环境诸要素的完整性，能包容更丰富的生活内容和感情层次 (3) 小说选题关注以下几点： ① 捕捉"易感点" ② 捕捉"命意点" ③ 寻找"兴味素"
	实用写作的选题：要求严谨、周密，既要有宏观的视野，也要从微观层面考量

■ **知识解读**

此处常考查选择题，考生需识记学术论文的写作在选题上的要求。

■ **真题小练**

【单选题】

(2014 年 4 月全国)关于学术论文的写作，首先应考虑的选题要求是(　　)

A. 具有价值性、可行性　　　　　　B. 具有实用性、主观能动性

C. 具有自由性、主观性　　　　　　D. 具有灵活性、命意性

【答案】　A

【解析】　本题考查学术写作的选题。为了捕捉到科学、合理的选题，首先要从价值性、可行性等方面对选题进行评估。

■ **牛刀小试**

【单选题】

文学创作的题材选择所具有的特点不包括(　　)

A. 自由性　　　B. 命意性　　　C. 全面性　　　D. 主观性

【答案】　C

【解析】　文学创作的题材选择具有自由性、主观性和命意性。对于不同的文学体裁而言，选题的角度和着眼点也各有差异。

第六章　聚思与立意

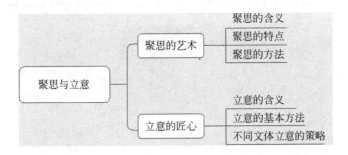

第一节　聚思的艺术

本　节　内　容　提　要

本节主要介绍聚思的含义、特点和方法。

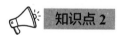
知识点 **1**

■ 聚思的含义 ☆

> 聚思：是主体从自己的心灵尺度和心理内容出发，将注意力指向选题已甄选过的素材，进行再体验、再认识的思维活动，其过程表现出选择、维持、调节、监督的基本功能。

知识点 **2**

■ 聚思的特点 ☆

拓展性

（1）由窄向宽扩散，对思维对象的范围、性质、内容从多方面去了解。
（2）由小到大扩展，由局部向整体扩展，由个人向社会扩展。
（3）对思维对象的反向思考。

创新性

（1）作者回到激发的起点素材上，对其所包涵的意义与可能承载意义的结构价值进行开掘和推敲，力求深刻和新奇。
（2）作者的聚思活动突破了自己以往思维模式的束缚。

知识解读

此处常考查选择题,考生了解聚思的特点和含义即可。

牛刀小试

【单选题】

聚思的特点是(　　)

A. 拓展性与创新性　　　　　　B. 拓展性与客观性

C. 创新性与可行性　　　　　　D. 可行性与客观性

【答案】　A

【解析】　聚思的特点:(1)拓展性:聚思是在选题归类继发思维基础上展开的,其突出特点是对已选定的事件再次思考,以突破思想的束缚和局限;(2)创新性:作者回到激发的起点素材上,对其所包含的意义与可能承载意义的结构价值进行开掘和推敲,力求深刻和新奇;作者的聚思活动突破了自己以往思维模式的束缚。

聚思的方法☆☆☆

想象	(1) 想象的功能:①对生活经验进行补充和超越;②深化认知,开拓心灵世界;③具有预见作用,能预见活动的结果;④聚思活动的基本方法之一 (2) 想象的方式:①黏合:把客观生活中不同事物的特征、组成部分,根据需要在头脑中整合在一起,形成新的形象,如孙悟空、美人鱼、四不像、龙等;②联想:由一事物想到另一事物,创造新的形象,如《再别康桥》《乡愁》;③夸张:改变思维对象的正常特点,突出某些特点,或者略去另一些特点,使头脑中形成新的形象或可笑或惊人,如《格列佛游记》《变形记》;④典型化:根据一类事物的共同特征创造新形象的过程,如阿 Q
抽象	抽象的方法: ① 分析:一是对事物对象关系的分析;二是对事物对象整体的分解分析,即把整体分解为各个部分,并对每一部分进行考察审视 ② 综合:在认识事物各部分的基础上,把分解的对象有机地重新组合成整体,从而认识对象的整体性质 ③ 比较:对事物对象属性相同点和差异点进行辨别

知识解读

考生需了解聚思的方法包括哪些,并着重注意想象的方式和抽象的方法,此处常考查选择题。

真题小练

【单选题】

1. (2018 年 4 月全国)写作中把客观生活中不同事物的特征、组成部分,根据需要在头脑中整合在一起形成新的形象,比如孙悟空、美人鱼等,这是采用了想象方式中的(　　)

A. 黏合　　　　B. 联想　　　　C. 夸张　　　　D. 典型化

【答案】　A

【解析】　黏合，是把客观生活中不同事物的特征、组成部分，根据需要在头脑中整合在一起，形成新的形象。比如吴承恩笔下的孙悟空、安徒生童话中的美人鱼等。它们有人的属性，又有动物的属性，这种创造都是将客观事物的某些特征分析出来，然后按照创作目标的要求，重新配置，黏合到一起，表达特定的思想意图。

2.（2014年4月全国）徐志摩在《再别康桥》中写道："那河畔的金柳，是夕阳中的新娘"，其运用的想象方式是（　　）

A. 黏合　　　　B. 联想　　　　C. 夸张　　　　D. 典型化

【答案】　B

【解析】　想象的方式可分四种。①黏合：把客观生活中不同事物的特征、组成部分，根据需要在头脑中整合在一起，形成新的形象，如孙悟空、美人鱼等；②联想：由一事物想到另一事物，创造新的形象；③夸张：改变思维对象的正常特点，突出某些特点，或者略去另一些特点，使头脑中形成新的形象或可笑或惊人，如卡夫卡的《变形记》；④典型化：是根据一类事物的共同特征创造新形象的过程。诗句由金柳联想到新娘，故选 B。

3.（2019年10月全国）鲁迅曾概括形容其塑造人物形象的方法是："没有专用一个人，往往嘴在浙江，脸在北京，衣服在山西，是一个拼凑起来的角色。"这采用的是想象方式中的（　　）

A. 黏合　　　　B. 联想　　　　C. 典型化　　　　D. 夸张

【答案】　C

【解析】　典型化是根据一类事物的共同特征创造新形象的过程。鲁迅塑造人物形象的方法体现了典型化的想象方式。这是作家的想象力在四面八方采集人物材料，综合其特点之后创造出来的新形象。

■ 牛刀小试

【单选题】

下列不属于想象的方式的是（　　）

A. 典型化　　　　B. 黏合　　　　C. 夸张　　　　D. 综合

【答案】　D

【解析】　想象的方式包括黏合、典型化、夸张、联想。综合属于抽象的方法。

第二节 立意的匠心

 本 节 内 容 提 要

本节主要介绍立意的含义、基本方法和不同文体立意的策略。

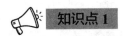 知识点 1

立意的含义 ☆☆

含 义	立意与主题的不同
• 立意之"意"是指文本的主题,即一篇文章的思想内核。立意是通过文章整体构思提炼和孕育核心理念的思维过程。	• 主题是完成的作品的中心主旨,而立意则是通过文章整体构思提炼核心理念的思维过程。 • 从接受的角度看,一个文本的主题在读者和评论家那里是可以见仁见智的,立意却是写作者构思文本的出发点,是作者写作意图的凝结。

知识解读

此处常考查判断分析题,考生了解立意与主题的不同即可,着重记忆立意的含义。

真题小练

【判断分析题】

(2016 年 10 月全国)立意等同于主题。

【答案】 ×。立意不等同于主题。主题可以是完成的作品所呈现的中心主旨,而立意则是通过文章整体构思,提炼和孕育核心理念的思维过程。此外,从接受的角度看,一个文本的主题在读者和评论家那里是可以见仁见智的,立意却是写作者构思文本的出发点,是作者写作意图的凝结,因而应当是明确而没有歧义的,否则接下来的谋篇与行文都将会无从下手,成为一盘散沙。

牛刀小试

【单选题】

立意之"意"是指文本的(   )

A. 标题   B. 主题   C. 意思   D. 论题

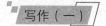
【答案】 B

【解析】 立意之"意"是指文本的主题,即一篇文章的思想内核。立意是通过文章整体构思提炼和孕育核心理念的思维过程。

立意的基本方法 ☆☆

利用因果律来确定立意	(1) 运用因果元素分析,即从"因"到"果"的主要元素中看到影响全局的关键性命题 (2) 运用背景分析,即对导致事物现象的现状形成的时间性、同在性的精神症候(种族、时代、环境)进行深入的思考和追索,背景分析往往能够切入到时代的大主题之中 (3) 运用数量综合的方法,即通过大量选题中的事物在数量上的集结来进行思维上的归纳、分析,从数量的多寡来归因到一个成规模的结点,然后不断地深入、拓展、超越、升华
利用相似律来确定立意	(1) 物与人、古与今、人与人、事与事的他相似思维,即在客观世界的物质现象的形态、性质、时序关系上来相互比对,产生隐喻或者象征式的内涵 (2) 运用事物所处的精神、环境、历史的内部自相似律,即在一个事物的内部发现、感悟其局部的内涵来回应整体之间的性质特征

知识解读

此处常考查选择题,考生了解立意的基本方法包括哪些即可。

真题小练

【单选题】

(2014 年 10 月全国)下列诗句,利用因果律确定立意的是(　　)

A. 春眠不觉晓,处处闻啼鸟。夜来风雨声,花落知多少。

B. 离离原上草,一岁一枯荣。野火烧不尽,春风吹又生。

C. 锄禾日当午,汗滴禾下土。谁知盘中餐,粒粒皆辛苦。

D. 白日依山尽,黄河入海流。欲穷千里目,更上一层楼。

【答案】 C

【解析】 "锄禾日当午,汗滴禾下土"为因,"谁知盘中餐,粒粒皆辛苦"为果。因为耕种辛苦,所以要节约珍惜粮食。

牛刀小试

【单选题】

下列不属于利用因果律来确定立意的方法的是(　　)

A. 运用因果元素分析来确定立意　　　　B. 利用表达技巧古今相似来确定立意

C. 运用背景分析来确定立意　　　　　　D. 运用数量综合的方法来确定立意

【答案】 B

【解析】　利用因果律来确定立意的方法：(1)运用因果元素分析,即从"因"到"果"的主要元素中看到影响全局的关键性命题；(2)运用背景分析,即对导致事物现象的现状形成的时间性、同在性的精神症候(种族、时代、环境)进行深入的思考和追索,背景分析往往能够切入到时代的大主题之中；(3)运用数量综合的方法,即通过大量选题中的事物在数量上的集结,来进行思维上的归纳、分析,从数量的多寡来归因到一个成规模的节点,然后不断地深入、拓展、超越、升华,由数量空间进入到意识空间,直至理念生成。B项属于利用相似律来确定立意的方法。

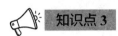

■ 不同文体立意的策略☆

文学写作的立意	(1) 设计：对选取对象进行多维度的理性设计,让智慧跟随感性对象的指引,谱写出多声部的认识、体验、感悟 (2) 优选：即从设计的多元立意中,筛选出最优的方案,筛选最佳立意的标准就是看是否切题、典型、深刻、新鲜 (3) 提纯：把已经初选出的立意进行再度提炼、深化,让该立意具有写作的整体统摄力,具有意蕴的内在饱满度
学术写作的立意	(1) 概括：从已有的材料背景中概括提炼出前人研究的结论和科学实践发现,然后按照学术思路概括出研究的方法、方式、结论所属的类别 (2) 归纳和类比：将自己已有的研究条件、研究方法,以及预设的研究思路进行归纳整合,从而抽象的提炼出可能预期的理论意义和实践价值
实用写作的立意	(1) 立意要从分析具体的材料入手 (2) 提炼主题立意要从全局着眼

■ 知识解读

此处常考查选择题,考生了解不同文体立意的策略即可。

■ 真题小练

【单选题】

(2017年10月全国)在构思文学作品的过程中,对已经初选出的立意进行再度提炼、深化,使该立意具有写作的整体统摄力与内在的饱满度,这是采用了立意中的哪种策略?(　　)

A. 设计　　　　　B. 优选　　　　　C. 概括　　　　　D. 提纯

【答案】　D

【解析】　文学写作的立意有设计、优选、提纯三种策略。提纯是指：把已初选出的立意进行再度提炼、深化,让该立意具有写作的整体统摄力,具有意蕴的内在饱满度。

■ 牛刀小试

【单选题】

文学写作立意的策略不包括(　　)

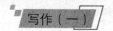

A. 设计   B. 优选   C. 概括   D. 提纯

【答案】 C

【解析】 文学写作立意的策略：(1)设计：对选取对象进行多维度的理性设计，让智慧跟随感性对象的指引，谱写出多声部的认识、体验、感悟；(2)优选：即从设计的多元立意中，筛选出最优的方案，筛选最佳立意的标准就是看是否切题、典型、深刻、新鲜；(3)提纯：把已经初选出的立意进行再度提炼、深化，让该立意具有写作的整体统摄力，具有意蕴的内在饱满度。概括属于学术写作立意的策略。

第七章 运思与谋篇

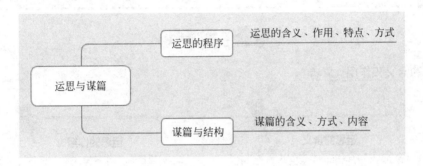

第一节　运思的程序

本节主要介绍了运思的含义、作用、特点和方式。

■ **运思的含义和作用** ☆☆☆

运思的含义	**运思的作用**
运思建立在作者聚思和立意的基础上，是写作立意完成后作者对文章走向符号化阶段的整体性考虑，属于写作思维运动的定性阶段。	（1）运思能加深作者对生活元符号意义的认识，形成写作心境的通道。 （2）运思是决定文章质量的关键。

■ **知识解读**

考生需掌握运思的含义，了解运思的作用。

■ **真题小练**

【单选题】

（2016年10月全国）写作立意完成后作者对文章走向符号化阶段的整体性考虑是（　　）

A．立意　　　　　B．运思　　　　　C．谋篇　　　　　D．结构

【答案】　B

【解析】　运思是建立在作者聚思和立意的基础上，是写作立意完成后作者对文章走向符号化阶段的整体性考虑，属于写作思维运动的定性阶段。

■ **牛刀小试**

【单选题】

决定文章质量关键的是（　　）

A．聚思　　　　　B．立意　　　　　C．运思　　　　　D．谋篇

【答案】　C

【解析】　运思的作用包括：(1)运思能加深作者对生活元符号意义的认识,形成写作心境的通道；(2)运思是决定文章质量的关键。

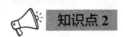

■ **运思的特点**☆

有序化

运思内容按照特定的逻辑法则进行顺序排列的过程。

聚焦化

在围绕"意"展开思路时,使蕴含着某种思想感情的形象特质鲜明凸显。选取最有用的,淘汰价值不大的。

个性化

从本质上说是运思的独特性表现。个性化在运思的另一表现是创造性。

■ **知识解读**

考生需掌握运思的特点,此处常考查选择题。

■ **真题小练**

【单选题】

1. (2015 年 10 月全国)下列不属于运思特点的是(　　)

　　A. 有序化　　　　B. 聚焦化　　　　C. 个性化　　　　D. 形象化

【答案】　D

【解析】　运思的特点包括有序化、聚焦化、个性化。形象化并非运思特点。

2. (2014 年 10 月全国)在运思过程中,对立意中存在的大量印象、形象、方案、手段等再次进行"价值性"选择,选取最有价值的,淘汰价值不太大的。这体现出运思的特点是(　　)

　　A. 有序化　　　　B. 聚焦化　　　　C. 个性化　　　　D. 随意化

【答案】　B

【解析】　聚焦化是指在围绕"意"展开思路时,使蕴含着某种思想感情的形象特质鲜明凸显,选取最有价值的,淘汰价值不太大的。

■ **牛刀小试**

【单选题】

运思内容按照特定的逻辑法则进行顺序排列的过程指的是运思的(　　)

　　A. 聚焦化　　　　B. 有序化　　　　C. 个性化　　　　D. 典型化

【答案】　B

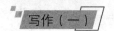

【解析】　有序化是指运思内容按照特定的逻辑法则进行顺序排列的过程。写作运思以对客观现实的认识为基础,并且体现着这种认识的不断深化。

运思的方式☆

运思的方式	形象组合思路	形象组合思路是一种扩散性的方式,作者有目的地围绕一点生发,或受外界信息刺激,向四面八方扩散,造成想象和联想,使先从感知中得到的各种信息沟通和联结起来,产生形象性和观念性新信息形象组合思路推进中,活跃着两种元素,一是情感,二是思想。它们既是作者的,也是人物的 (1) 在小说里,表现为以人物性格的因果逻辑演变而推进,也可以是非因果线性逻辑呈现 (2) 在散文写作中,表现为以作者的思想感情流动而推进
	逻辑推导思路	(1) 总分推导,由整体推向局部,或由具体现象入手多方思考 (2) 因果推导,由因及果,或由果及因 (3) 正反对比推导,比较思考推导,触类旁通推导等

知识解读

考生需掌握运思的方式包括形象组合思路和逻辑推导思路。

真题小练

【单选题】

(2016年4月全国)形象组合思路推进中,活跃着两种元素,一是情感,二是(　　　)

A. 人物　　　　　　　B. 情节　　　　　　　C. 思想　　　　　　　D. 逻辑

【答案】　C

【解析】　形象组合思路推进中,活跃着两种元素,一是情感,二是思想。它们既是作者的,也是人物的。

第二节　谋篇与结构

本节主要介绍了谋篇的含义、方式和内容。

■ **谋篇的含义** ☆

> （1）谋篇，是文章全面物化之前结构系统的确立，它包含了**定体、定纲、定调**几大系统元素。
> （2）定体，即选择或创建文章的体式。
> （3）定纲，即根据文体的规范对文章布局结构。
> （4）定调，即确定语调，包括语体和风格。

■ **知识解读**

考生需掌握谋篇、定体、定纲、定调的含义，本知识点常考查单选题。

■ **真题小练**

【单选题】

1. (2017年4月全国)文章全面物化之前的结构系统确立，包含定体、定纲、定调等元素，这是文章构思阶段中的(　　)

　　A. 选题　　　　　B. 聚思　　　　　C. 立意　　　　　D. 谋篇

【答案】　D

【解析】　谋篇是文章全面物化之前结构系统的确立，它包含了定体、定纲、定调几大系统元素。

2. (2018年4月全国)确定作品的语调包括语体和风格，是写作谋篇过程中的(　　)

　　A. 定体　　　　　B. 定纲　　　　　C. 定调　　　　　D. 立意

【答案】　C

【解析】　定调，即确定语调，包括语体和风格。定体指选择或创建文章的体式，定纲指根据文体的规范对文章布局结构。立意是在对事物规律的认识的基础上的一种主旨理念的提取。

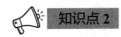

■ **谋篇的方式** ☆

> **打腹稿**
> 作者在心里建构整篇文章，等酝酿成熟，执笔写就。

> **编写文字提纲**
> 将运思的过程用文字符号记录下来，这是内孕成果视觉化的过程。从文字提纲的简繁来说，有"粗纲"和"细纲"之分。

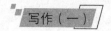 **知识解读**

考生需掌握两种谋篇的方式，一种是打腹稿，另一种是编写文字提纲，此处常考查判断分析题。

 **真题小练**

【判断分析题】

(2014年4月全国)无论是长篇还是短篇，编写文字提纲是写文章必不可少的环节。

【答案】 ×。谋篇的方式通常有两种：打腹稿和编写文字提纲。一般而言，创作篇幅较短的作品，通常采用打腹稿的方式谋篇。篇幅较长的文章的写作，通常要编写文字提纲。从个性化的角度看，有的作者已经建立起进入谋篇的稳定心理结构系统，长篇写作也不用编写文字提纲。

知识点3

 **谋篇的内容** ☆

确立主题，拟制标题	(1) 主题是文章的核心，它决定着素材的取舍和文章的思路 (2) 标题即文章的题目，分为命题式写作和非命题写作两种
选择或创建结构模式	(1) 纵向结构式：可按照事物发展的顺序组织材料，安排层次 (2) 横向结构式：有以空间转换为序组织材料，安排结构；也有以逻辑关系为序组织材料，安排结构 (3) 复迭式结构：以时间为"经"，以空间为"纬"，灵活跳跃地安排结构，纵横交织，螺旋式展开，形成多层级或网状格局 (4) 串珠式结构：即在安排结构时，以一条或几条线索贯穿，将经过选择、取舍后的众多材料连接起来，构成一个有机的整体 (5) 板块式结构：一般程式由三大板块组合而成。开篇提出总观点，或概括一类问题的总体现象；中间以叙述事例或统计数字做证明；结尾是叙述者的议论 (6) "套盒"式结构：内容安排是故事中套故事，所套故事里再套故事，层层相扣，丰富多彩，使作品更富于多意性和立体感 (7) "流动"式结构：指作家在创作时，随着情绪、情感、意识的流动建构作品，随情布段，缘意立节，呈现出散点透视的状态
写好开头和结尾	**开头** (1) 要求：一要切合问题，符合表达内容的需要；二要考虑读者的接受 (2) 作用：开头含蓄深刻，会产生余味无穷、深化主题的效果；开头新颖别致，能立刻抓住读者 (3) 方法：有全局观念，起笔定准基调，以便于全文展开，切合文意，力求新颖别致，富有魅力 **结尾** (1) 功用：深化主题，耐人寻味 (2) 写作要求：符合事物发展的规律，可以"意尽而言止"，也可以"语结意未尽"

续表

安排段落和层次	应遵守以下原则: (1) 段意要单一,即一个自然段一般只表达一个意思,并要保证内容的完整 (2) 段落有换行另起的明显标志,便于读者阅读和理解 (3) 表现段意的句子应该放到合适的位置 (4) 层次安排要主次分明,繁简适当

知识解读

考生需着重掌握常见的文章结构模式都有哪些以及每个的含义是什么,此处常考查选择题。

真题小练

【单选题】

1.(2018年4月全国)按照事物发展的顺序组织材料、安排层次,这属于文章结构模式中的(　　)

　　A. 串珠式结构　　　B. 横向结构式　　　C. 复选式结构　　　D. 纵向结构式

【答案】　D

【解析】　纵向结构式,可按照事物发展的顺序组织材料,安排层次。串珠式结构即在安排结构时,以一条或几条线索贯穿,将经过选择、取舍后的众多材料连接起来,构成一个有机的整体。

2.(2017年10月全国)报告文学《多思的年华》开篇亮出观点,接着组合了近十个人物和事例分别表达了三个分论点,最后道出全文的结论。这属于文章结构模式中的(　　)

　　A. 纵向结构式　　　B. 横向结构式　　　C. 复选式结构　　　D. 板块式结构

【答案】　D

【解析】　板块式结构:一般程式由三大板块组合而成。开篇提出总观点,或概括一类问题的总体现象;中间以叙述事例或统计数字做证明;结尾是叙述者的议论。

3.(2016年10月全国)在安排结构时,以一条或几条线索贯穿,将经过选择、取舍后的众多材料连接起来构成一个有机的整体,这种结构模式是(　　)

　　A. 纵向结构式　　　B. 横向结构式　　　C. 复选式结构　　　D. 串珠式结构

【答案】　D

【解析】　串珠式结构:即在安排结构时,以一条或几条线索贯穿,将经过选择、取舍后的众多材料连接起来,构成一个有机的整体。

第八章　表达与行文

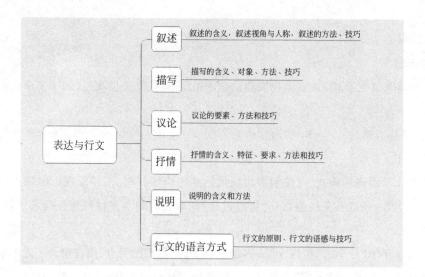

第一节 叙 述

本节主要介绍了叙述的含义、视角与人称、方法和技巧。

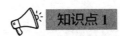

■ 叙述的含义☆

叙述,最基本的一种表达方式。在写作中使用最早,使用频率最高,应用范围最广。

■ 知识解读

考生需掌握叙述的含义。此处常考查选择题。

■ 真题小练

【单选题】

(2019 年 10 月全国)在写作中使用最早,使用频率最高,应用范围最广的表达方式是(   )

A. 叙述　　　　　　B. 描写　　　　　　C. 抒情　　　　　　D. 议论

【答案】 A

【解析】 叙述,最基本的一种表达方式。在写作中使用最早,使用频率最高,应用范围最广。

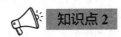

■ 叙述视角与人称☆☆☆

叙述视角	作品叙述事物的立足点,是作者叙述故事的方式和角度,并通过这种方式和角度向读者描绘人物、讲述事件、介绍背景等
叙述人称	作者为表达内容和目的所选择的叙述身份。叙述视角通过叙述人称才能得到体现,对叙述人称的选择也就直接影响着叙述效果
叙述人称的分类	(1) **第一人称叙述**:是以当事人的口吻进行叙述,以"我"的身份在文章中出现,所叙述的内容均为"我"之见闻、思考和感受。这一叙述容易形成真实、亲切的格调 (2) **第二人称叙述**:作者以向人物说话的口吻,叙述"你"(人物)的言语行动,曲陈见闻感受,读者则是旁听者 (3) **第三人称叙述**:传统的第三人称以局外人的口吻进行全知叙述,作者站在第三者的旁观立场对读者转述见闻和感受。现代叙事作品中经常出现另一种限制视角的第三人称叙述

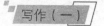

■ **知识解读**

考生需掌握叙述人称的分类包括哪些,叙述视角和叙述人称的含义了解即可。此处常考查选择题和判断分析题。

■ **真题小练**

【单选题】

1. (2017 年 10 月全国)作者叙述故事的方式和角度,并通过这种方式和角度向读者描绘人物、讲述事件、介绍背景等,这指的是叙述的(   )

A. 人称   B. 视角   C. 节奏   D. 方法

【答案】   B

【解析】   叙述视角是指作品叙述事物的立足点,是作者叙述故事的方式和角度,并通过这种方式和角度向读者描绘人物、讲述事件、介绍背景等。

【判断分析题】

2. (2015 年 4 月全国)第三人称叙述容易形成真实、亲切的格调。

【答案】   ×。第三人称叙述以局外人的口吻进行全知叙述,作者站在第三者的旁观立场对读者转述见闻和感受。第三人称叙述不受时空限制,但缺乏第一人称叙述的真实感和亲切感。

■ **叙述的方法** ☆ ☆ ☆

按照叙述角度的大小分类	(1) 总叙:用简洁的语言对人或事物的总体面貌做概括叙述,给读者一个总的印象 (2) 分叙:是对一件事情从不同方面进行叙说
按叙述的时间、空间顺序分类	(1) 顺叙:按照事件的发生、发展过程,或人物(作者)的经历、思想感情发展的自然顺序进行叙述的方法 (2) 平叙:即叙述同一时间,不同地点发生的两件或更多件事情
倒叙和插叙:都是顺叙的一种变化	(1) 倒叙:是把事情的结果放到文章的开头来写,然后再回到事情发生的开头进行叙述;或者把事情发展过程中最动人、最突出的片段提到开头写,再从头顺叙 (2) 插叙:是在叙述事件发展中暂停一下,插入另外一段叙述,插叙完毕,再把原叙述进行下去

■ **知识解读**

考生需掌握叙述方法的几种分类,另外也需要理解记忆倒叙和插叙的含义,此处常考查选择题。

■ 真题小练

【单选题】

1.(2018年10月全国)叙述同一时间、不同地点发生的两件或更多件事情,这种叙述方法是( )

    A.总叙   B.分叙   C.顺叙   D.平叙

【答案】 D

【解析】 平叙,即叙述同一时间,不同地点发生的两件或更多件事情。顺叙和平叙都是按叙述的时间、空间顺序分类。

2.(2015年10月全国)用简洁的语言对人或事物的总体面貌做概括叙述,这种叙述方法是( )

    A.总叙   B.分叙   C.顺叙   D.平叙

【答案】 A

【解析】 总叙是用简洁的语言对人或事物的总体面貌做概括叙述,给读者一个总的印象。

3.(2006年4月全国)叙述主要事件过程中暂时中断线索,加入另一件事的叙述,这种方法是( )

    A.倒叙   B.补叙   C.插叙   D.分叙

【答案】 C

【解析】 插叙,是在叙述事件发展中暂停一下,插入另外一段叙述,插叙完毕,再把原叙述进行下去。

 知识点4

■ 叙述的技巧☆

虚实相生法	实写是指正面、直接的记叙;虚写是指侧面、间接地记叙
抑扬转化法	"抑",即压抑、贬抑;"扬",即褒扬、抬高。抑扬转化法,即故意从相反处落笔,造成表象与真实的互相背离,表现出强烈的反差
张弛相间法	(1)张指用快速流动的笔法记叙紧张激烈的情节或众多人物活动的场面与事件 (2)弛是用缓慢流动的笔法记叙轻松舒缓或沉重悲怆的内容 (3)或先张后弛,或先弛后张,疾徐两种笔法交替使用,使叙述错落有致,即"张弛相间法"
横云断岭法	也叫断续法,是指叙述时,在叙事主线里插进一条支线,让主线暂停,这叫"断",等插进的内容讲述完毕,再继续原叙述,这叫"续"

■ 知识解读

考生需掌握叙述的技巧包括哪些,此处常考查选择题。

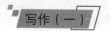

 牛刀小试

【单选题】

下列叙述技巧中,也被称为断续法的是(　　)

A. 虚实相生法　　　B. 抑扬转化法　　　C. 张弛相间法　　　D. 横云断岭法

【答案】　D

【解析】　横云断岭法也叫断续法,原是绘画的一种技法。将这种技法移入写作,就是指叙述时,在叙事主线里插进一条支线,让主线暂停,这叫"断",等插进的内容讲述完毕,再继续原叙述,这叫"续"。

第二节　描　写

本 节 内 容 提 要

本节主要介绍了描写的含义、对象、方法和技巧。

知识点 1

描写的含义☆

描写,即以生动形象的语言,把人物的状态、动作,景物的性质、特征,环境的色彩、布局等具体地描绘出来,再现给读者的一种表达方式。

知识解读

考生了解描写的含义即可,此处常考查选择题。

真题小练

【单选题】

(2011年7月全国)把某一对象的状貌、情态,生动、具体、形象地再现给读者的写作手法是(　　)

A. 抒情　　　　　B. 叙述　　　　　C. 描写　　　　　D. 说明

【答案】　C

【解析】　描写,即以生动形象的语言,把人物的状态、动作,景物的性质、特征,环境的色彩、布局等具体地描绘出来,再现给读者的一种表达方式。关键词为:生动、具体、形象、再现。

 知识点 2

■ 描写对象 ☆☆

人物描写	(1) 肖像描写：也叫外貌描写，即对人物的容貌、神情、身材、姿态与衣着服饰等外部特征的描摹 (2) 行动描写：即对于人的具体行为动作的描写。"行为"常表现为"做什么"，"动作"表现为怎么做 (3) 语言描写：用个性化的语言表现个性化的人物。语言描写的方式有两种：一是独白，一是对话。"描写好语言"的要求：①语言要符合人物的身份、处境、思想和性格特征；②语言要准确、简洁、传神 (4) 心理描写：描写人物的心理状态和思维活动
环境描写	(1) 自然环境描写：即对山川风物、生态气候、时间地点等的描写。通常为人物出场、情节发展交代背景或渲染气氛 (2) 社会环境描写：其内容包括时代风貌、生活方式、风俗习惯、住所陈设、人与人的关系等 (3) 场面描写：是对特定时间与地点内，众多人物共同活动的情景的描述，是人物、事件、环境三者构成的一个复合画面
细节描写	即对人、事、景、物的富有典型意义的细枝末节的刻画与描绘，犹如电影里的特写镜头

■ 知识解读

考生需掌握人物描写包括哪些并理解记忆它们的含义，此处常考查选择题。

■ 真题小练

【单选题】

1. (2016年10月全国)对人、事、景、物富有典型意义的细枝末节的刻画与描绘的写作方法是(　　)

　　A. 心理描写　　　B. 行动描写　　　C. 场面描写　　　D. 细节描写

【答案】　D

【解析】　细节描写即对人、事、景、物的富有典型意义的细枝末节的刻画与描绘，犹如电影里的特写镜头。关键词为"细枝末节"。

2. (2014年4月全国)"我的父亲从一个屋角走到另一个屋角，不停地挥着手比画着。"此句的描写方法是(　　)

　　A. 肖像描写　　　B. 行动描写　　　C. 语言描写　　　D. 心理描写

【答案】　B

【解析】　行动描写即对于人的具体行为动作的描写。"行为"常表现为"做什么"，"动作"表现为怎么做。"走、比画"等动作体现了人物的行动，而肖像、语言、心理在题干中没有得以体现。

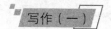

3. (2012年4月全国)肖像描写描绘的是(　　)

    A. 景物的外部特征　　　　　　　B. 人物的行为

    C. 人物的外部特征　　　　　　　D. 人物的心理

【答案】　C

【解析】　肖像描写，也叫外貌描写，即对人物的容貌、神情、身材、姿态与衣着服饰等外部特征的描摹。

牛刀小试

【单选题】

对人物居所的陈设、格局、色调的描绘，这种描写方法是(　　)

    A. 人物描写　　　　　　　　　　B. 自然环境描写

    C. 社会环境描写　　　　　　　　D. 场面描写

【答案】　C

【解析】　社会环境描写的内容包括时代风貌、生活方式、风俗习惯、住所陈设、人与人的关系等。社会环境是形成人物思想性格的客观条件和依据，可以为人物的活动提供背景、氛围，烘托人物的志趣。

 知识点3

描写的方法☆

按描写角度分类	(1) 正面描写：也叫直接描写，即不依靠陪衬烘托，作者按照一定的时间或空间顺序，把镜头直对事物进行刻画，使对象的状貌、性质和特点直接映入读者的视野，从而产生鲜明印象。正面描写是最基本的描写方法 (2) 侧面描写：也叫间接描写，即不从正面入手直接描写对象，而通过有关的人、事、景、物的描写，来烘托、折射被描写的对象
以表现作者的感情比重分类	(1) 主观描写：作者带着感情倾向去描写客观事物 (2) 客观描写：是作者不带强烈主观感情，冷静地、客观地描写事物，以再现事物的状貌，其多用于科技类写作
按描写对象的形态分类	(1) 静态描写：描写静止状态的物象 (2) 动态描写：一是把物象运动状态下的情景、面貌描摹出来；二是用比喻、拟人等多种修辞手法，对相对静止的物象进行刻画，使这些物象"活"起来

知识解读

考生需着重掌握描写的方法，此处常考查选择题。

真题小练

【单选题】

1. (2007年7月全国)对人物不作直接的刻画，而是借助于对媒介物的描写来烘托所要描写的人物。这种描写方法是(　　)

A. 间接描写　　　　B. 正面描写　　　　C. 主观描写　　　　D. 客观描写

【答案】　A

【解析】　侧面描写,也叫间接描写,即不从正面入手直接描写对象,而通过有关的人、事、景、物的描写,来烘托、折射被描写的对象。侧面描写曲折含蓄,能引发读者的兴趣,给读者留下丰富的想象空间。

2. (2013年4月全国)在科普文章中常用的描写方法是(　　)

A. 主观描写　　　　B. 客观描写　　　　C. 间接描写　　　　D. 景物描写

【答案】　B

【解析】　客观描写,是作者不带强烈主观感情,冷静地、客观地描写事物,以再现事物的状貌。客观描写多用于科技类写作。

 知识点 4

■ 描写的技巧☆

拟声模状法	即抓住事物的特征,进行摹拟性的描绘
简笔白描法	以朴实的语言,简练的笔墨,准确描写出生动的形象
工笔彩绘法	以绚丽、细密的文字,借用比喻、拟人、夸张等修辞手段,对描写对象进行逼真、细致入微地精雕细刻
烘云托月法	对要表现的主要对象不进行正面描绘,而通过渲染其周围的人和环境来突出主要对象

■ 知识解读

考生需掌握描写的技巧的内容,此处常考查选择题。

■ 真题小练

【单选题】

1. (2017年4月全国)对所要表现的主要对象不进行重点描绘,而通过渲染其周围的人和环境来突出主要对象,这种描写技巧是(　　)

A. 拟声模状法　　　　　　　　　B. 简笔白描法

C. 工笔彩绘法　　　　　　　　　D. 烘云托月法

【答案】　D

【解析】　烘云托月法是指对要表现的主要对象不进行正面描绘,而通过渲染其周围的人和环境来突出主要对象。运用这一技巧要处理好"云"和"月"的关系。

2. (2010年7月全国)工笔彩绘法的艺术效果是(　　)

A. 寥寥几笔勾勒出事物的主要特征

B. 给读者留下较大的自由想象空间

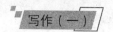

　　C. 增加描写对象的主题内涵和艺术感染力

　　D. 具体细致地表现事物复杂斑斓的状貌

【答案】　D

【解析】　工笔，用于写作，是指以绚丽、细密的文字，借用比喻、拟人、夸张等修辞手段，对描写对象进行逼真地、细致入微地精雕细刻。故工笔彩绘法的艺术效果是具体细致地表现事物复杂斑斓的状貌。

　　3. (2014年10月全国)"谁也没看重这个老人：小干巴个儿，披着件粗蓝布大衫，脸上窝窝瘪瘪，眼陷进去很深，嘴上几根细黄胡，肩上扛着条小黄草辫子，有筷子那么细，而绝对不像筷子那么直顺。"此段描写所采用的技巧是(　　　　)

　　A. 拟声摹状法　　　　　　　　B. 简笔白描法

　　C. 工笔彩绘法　　　　　　　　D. 烘云托月法

【答案】　B

【解析】　简笔白描法是以朴实的语言，简练的笔墨，准确描写出生动的形象。材料中对老人的描写使用了简笔白描法，准确、生动地刻画了老人的外貌。

第三节　议　　论

　　本节主要介绍了议论的四个要素、方法和技巧。

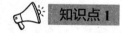

■ 议论的要素 ☆☆☆

议论的概念	剖析事物、论述事理、发表意见、阐明作者立场和观点的一种表达方式
议论的要素	一段完整的议论或一篇学术论文是由**论题**、**论点**、**论据**、**论证**四个要素构成 (1) 论题：是有待于证明的命题，是所要议论的对象 (2) 论点：中心论点，是文章对所议问题总的最基本的看法，起统率全篇的作用。分论点，是中心论点的派生物，是从属于中心论点并为阐明中心论点服务的若干思想观点 (3) 论据：用来证明论点的理由和根据 (4) 论证：是证明论据与论点之间逻辑联系的过程和推理的方式。论证的过程是用事实和理论具体分析问题、解决问题的过程，也是一个逻辑推理的过程

知识解读

考生需掌握一段完整的议论或一篇学术论文是由论题、论点、论据、论证四个要素构成以及每个要素的含义,此处常考查选择题。

真题小练

【单选题】

1. (2012 年 4 月全国)议论的要素包括( )

　　A. 论断、立论、驳论　　　　　　　　B. 论点、论据、论证

　　C. 例证、引证、反证　　　　　　　　D. 因果法、对比法、类比法

【答案】　B

【解析】　一般来说,一段完整的议论或一篇学术论文是由论题、论点、论据、论证四个要素构成。

2. (2008 年 7 月全国)议论文中回答"怎样证明"的问题是( )

　　A. 立论　　　　　B. 论点　　　　　C. 论据　　　　　D. 论证

【答案】　D

【解析】　论证,是证明论据与论点之间逻辑联系的过程和推理的方式,也就是回答"怎样证明"的问题。

知识点 2

议论的方法 ☆☆☆

举例论证	提出问题或摆出观点后,举出一个或数个具体事实进行说明、分析,而后得出自己观点正确的论证方法,亦称例证法。其论证过程体现了归纳推理的逻辑过程
引证论证	(1) 通过引用经典作家的言论或其他名言警句、科学公理等证明自己观点的论证方法。引证论证的过程体现了演绎推理的逻辑过程 (2) 引证论证从文字表现上可分为两种:一种是直接引用,就是不加任何变动地照引原话,通常都得加上引号;一种是间接引用,即在绝对忠实于原意的前提下对文字稍作改动,引用时可不加引号。两种引用可结合起来运用
比较论证	从"个别"推论"个别"的论证方法。分为两种:一种是类比法,是把性质、特点相同或相近的事物放在一起比较,从而证明论点的方法。一种是对比法,把不同的事物或正反两方面对举出来,在比较分析中寻找矛盾的原因,证明论点
因果论证	指用原因证明结果,或由结果追寻原因的一种论证方法。运用因果论证,要分析主要原因和次要原因,分析事物间互为因果的关系,并且必须说明在什么条件下,因果才会互相转化

知识解读

考生需掌握举例论证、引证论证、比较论证和因果论证的含义和运用,此处常考查选择题。

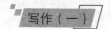

🔲 **真题小练**

【单选题】

1.(2013年4月全国)人追求的是心灵美,正如人们所说:"鸟美在羽毛,人美在灵魂。"这段话所用的立论方法是(   )

    A. 例证法   B. 引证法

    C. 喻证法   D. 对比法

【答案】 B

【解析】 引证论证是通过引用经典作家的言论或其他名言警句、科学公理等证明自己观点的论证方法。题干中为了证明"人追求的是心灵美",引用了名言警句"鸟美在羽毛,人美在灵魂"。

2.(2006年7月全国)毛泽东在《别了,司徒雷登》中为了证明我们中国人是有骨气的,用了"闻一多拍案而起,横眉怒对国民党的手枪,宁可倒下去,不愿屈服。朱自清一身重病,宁可饿死,不领美国的救济粮。"这里运用的论证方法是(   )

    A. 类比法   B. 例证法   C. 比喻法   D. 比较法

【答案】 B

【解析】 举例论证法是一种提出问题或摆出观点后,举出一个或数个具体事实进行说明、分析,而后得出自己观点正确的论证方法,亦称例证法。题干中,闻一多和朱自清的两个事例都是为了证明我们中国人是有骨气的这一观点,因此用的是例证法。

3.(2008年4月全国)观念的力量不可低估。有时给人输入一个信息可致人死命。将军的一个喷嚏和怒吼,送了小公务员的命;顺治帝打了他弟弟一记耳光,其弟无疾而殁。这里运用的立论方法是(   )

    A. 引证法   B. 喻证法   C. 类比法   D. 例证法

【答案】 D

【解析】 举例论证是一种提出问题或摆出观点后,举出一个或数个具体事实进行说明、分析,而后得出自己观点正确的论证方法,亦称例证法。本题先给出了"观念的力量不可低估"的观点,然后举出了两个例子进行论证。故这里运用的是例证法。

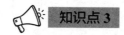 知识点3

🔲 **议论的技巧** ☆ ☆

形象议论法	用具体形象的事物做论据,比喻阐说抽象深奥道理的一种技法 用形象思维辅佐议论说理,既可使作者的情感观点在具体的意象中得到充分展露,又能使枯燥的理论鲜活起来。用作比喻的形象事物,可以是故事、寓言、神话或事实。比如**刘征**《庄周买水》一文,用寓言的方式,讲述了具有仙风道骨的战国人庄周在20世纪80年代如何为生存而奔波的故事,讽刺批判商品流通领域以权谋私、凭空暴富的丑恶现象

续表

欲擒故纵法	批驳错误论点时不作正面交锋,而是先放过一步,故意把对方的错误论点加以合理引申,暴露它的谬误和荒唐,从而驳倒对方
对台唱戏法	议论时假想一个论敌,与论说的正面观点相反,真实的正方与虚假的反方展开心理和思想的交锋,使分析说理在不断反驳批评中完成

知识解读

考生需掌握三种议论的技巧,应着重掌握形象议论法。此处常考查选择题。

真题小练

【单选题】

(2017年4月全国)刘征《庄周买水》中用寓言的方式讲述具有仙风道骨的战国人庄周在20世纪80年代如何为生存而奔波的故事,讽刺批判商品流通领域以权谋私、凭空暴富的丑恶现象,这里采用了议论技巧中的( )

A. 形象议论法　　B. 欲擒故纵法　　C. 对台唱戏法　　D. 因果论证

【答案】 A

【解析】 形象议论法是用具体形象的事物做论据,比喻阐说抽象深奥道理的一种技法。用形象思维辅佐议论说理,既可使作者的情感观点在具体的意象中得到充分展露,又能使枯燥的理论鲜活起来。用作比喻的形象事物,可以是故事、寓言、神话或事实。例如:《庄周买水》。

牛刀小试

【单选题】

1. 在议论时,故意把对方的错误论点加以合理引申,暴露它的谬误和荒唐,从而驳倒对方的议论技巧是( )

A. 形象议论法　　B. 欲擒故纵法　　C. 对台唱戏法　　D. 举例论证

【答案】 B

【解析】 欲擒故纵法,即批驳错误论点时不作正面交锋,而是先放过一步,故意把对方的错误论点加以合理引申,暴露它的谬误和荒唐,从而驳倒对方。

2. 在所有的议论技巧中,需要在议论时假想一个论敌的是( )

A. 对台唱戏法　　B. 欲擒故纵法　　C. 形象议论法　　D. 举例论证

【答案】 A

【解析】 对台唱戏法,即议论时假想一个论敌,与论说的正面观点相反,真实的正方与虚假的反方展开心理和思想的交锋,使分析说理在不断反驳批评中完成。

第四节 抒 情

本节主要介绍了抒情的含义、方法和技巧。

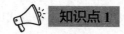

抒情的含义、特征和要求☆

抒情的含义	抒情,是作者或文章中的人物对事件或景物的主观情感、情绪的抒发和表露,是作者反映客观事物不可缺少的一种表达方式
抒情的特征	(1) 依附性 (2) 主观性 (3) 个性化 情是看不见、摸不着的,它存在于人的心里,存在于主观世界中,因而抒情具有鲜明的主观性和个性化特征
抒情的要求	忌用抽象、概括式的语言直陈感情;与文章主题的基调相吻合;要抒真挚自然之情

知识解读

考生需掌握抒情的含义和三个特征。

牛刀小试

【单选题】

1. 作者或文章中的人物对事件或景物的主观情感、情绪的抒发和表露,指的是(   )

    A. 议论　　　　　　B. 抒情　　　　　　C. 描写　　　　　　D. 叙述

【答案】 B

【解析】 抒情,是作者或文章中的人物对事件或景物的主观情感、情绪的抒发和表露,是作者反映客观事物不可缺少的一种表达方式。

2. 下列表达方式中,具有鲜明的主观性和个性化特征的是(   )

    A. 叙述　　　　　　B. 抒情　　　　　　C. 议论　　　　　　D. 说明

【答案】 B

【解析】 情是看不见、摸不着的,它存在于人的心里,存在于主观世界中,因而抒情具有鲜明的主观性和个性化特征。

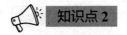 知识点 2

■ 抒情的方法 ☆☆

直接抒情	运用有强烈感情色彩和气势的语句,将赞颂、欢愉或愤怒、哀伤等感情毫不遮掩地直接倾吐出来。直接抒情在诗歌中比较常见
间接抒情	通常所说的寓情于事,寓情于景,寓情于物,寓情于理。间接抒情的特点是含蓄的,是让读者感受其情,体味其情,琢磨其意蕴 (1) 寓情于事,是把感情的抒发寄寓在叙事写人之中 (2) 寓情于景,即借景抒情 (3) 寓情于物,即通过描写客观事物来抒发情感 (4) 寓情于理,即结合议论抒情。把情感寄托在说理之中,既抒发了感情,又扩大了认知深度;既说明了道理,又附着了个性的光彩,收到感染力和说服力两重效果

■ 知识解读

考生需着重理解每种抒情方法的含义。此处常考查选择题。

■ 真题小练

【单选题】

(2015 年 4 月全国)《怀念萧珊》中巴金把夫妻之间的深情和萧珊对他的关照都融注于叙事之中,采用的抒情方法是(　　)

A. 寓情于事　　　B. 寓情于景　　　C. 寓情于物　　　D. 寓情于理

【答案】　A

【解析】　寓情于事,是把感情的抒发寄寓在叙事写人之中。正如《怀念萧珊》中巴金把夫妻之间的深情和萧珊对他的关照都融注于叙事之中。

■ 牛刀小试

【单选题】

下列抒情方法中,可以收到感染力和说服力两重效果的是(　　)

A. 寓情于事　　　B. 寓情于景　　　C. 寓情于物　　　D. 寓情于理

【答案】　D

【解析】　寓情于理,即结合议论抒情。把情感寄托在说理之中,既抒发了感情,又扩大了认知深度;既说明了道理,又附着了个性的光彩,收到感染力和说服力两重效果。

知识点3

抒情的技巧☆

反复咏叹法	作者抒情时有意识地重复使用某些词语或句子,以增强抒情的感染力。这种反复不是分量相等的语意重复,而是情感的层递上升。情,由淡趋浓;意,由浅入深
排比强化法	抒情时用结构相同或相似,语气一致的一连串语句,把意义相关的内容连续地表达出来,整齐的句式,铿锵的音律,可增强气势,渲染气氛,强化感情
反问渲染法	抒情时,为了引人注目,提高抒情语句的鼓动力量,用连续反问的形式激发本意,掀起行文的波澜

知识解读

考生了解抒情的技巧包括哪些即可。

牛刀小试

【单选题】

1. 作者抒情时有意识地重复使用某些词语或句子,以增强抒情的感染力,这种抒情方法是( )

　　A. 排比强化法　　　B. 反问渲染法　　　C. 反复咏叹法　　　D. 直接抒情法

【答案】　C

【解析】　反复咏叹法:作者抒情时有意识地重复使用某些词语或句子,以增强抒情的感染力。这种反复不是分量相等的语意重复,而是情感的层递上升。情,由淡趋浓;意,由浅入深。

2. "抒情时用结构相同或相似,语气一致的一连串语句,把意义相关的内容连续地表达出来"。这句话说的是抒情技巧中的( )

　　A. 反复咏叹法　　　B. 排比强化法　　　C. 反问渲染法　　　D. 张弛相间法

【答案】　B

【解析】　排比强化法:抒情时用结构相同或相似,语气一致的一连串语句,把意义相关的内容连续地表达出来,整齐的句式,铿锵的音律,可以增强气势,渲染气氛,强化感情。

3. 抒情时,为了引人注目,提高抒情语句的鼓动力量,用连续反问的形式激发本意,掀起行文的波澜,即( )

　　A. 反复吟咏法　　　B. 排比强化法　　　C. 反问渲染法　　　D. 寓情于理法

【答案】　C

【解析】　抒情时,为了引人注目,提高抒情语句的鼓动力量,用连续反问的形式激发本意,掀起行文的波澜,即反问渲染法。关键词为"连续反问"。

第五节　说　　明

本 节 内 容 提 要

本节主要介绍了说明的含义和方法。

知识点1

说明的含义☆

说明的含义	说明是以阐释事理、解说事物、传授知识为目的,对特定事物的形态、性质、特点、构造、成因、功能、用途等进行阐释或介绍的一种表达方法
说明与叙述、描写的区别	叙述重在记叙人物的经历和事物的发展变化过程;描写重在逼真地描绘人物和景物的形象,求其生动性和感染力。二者都带有作者感情色彩。说明则带有解释的特征,要求客观地解说事物,不允许掺杂作者的主观因素

知识解读

考生需掌握说明的含义,而对于说明与叙述、描写的区别,了解即可。常考查选择题。

真题小练

【单选题】

(2004年4月全国)在表达方式中,最适于表达作者冷静、客观态度的是(　　　)

A. 叙述　　　　　B. 描写　　　　　C. 抒情　　　　　D. 说明

【答案】　D

【解析】　说明带有解释的特征,要求客观地解说事物,不允许掺杂作者的主观因素。故说明是最适于表达作者冷静、客观态度的表达方式。

知识点2

说明的方法☆☆☆

说明的方法	介绍说明	对要说明的对象作扼要而又比较全面的介绍。通常介绍人物、地理概况、科技发展、书籍内容等
	定义说明	用精练的语言对事物的本质特征作确切的概括,使读者对被说明的事物,获取一个明确概念的说明方法。定义说明是以判断的形式出现的
	诠释说明	就是解释,是对事物的状况、性质、特征与成因等作简明概括的解释说明

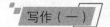

续表

说明的方法	分类说明	根据事物的性质、用途、形状及关系等,把事物分成几个类别,然后按一定顺序,逐类地进行说明,是说明较为复杂的事物常用的方法。在法规类文章、辞书、教科书中多被采用
	举例说明	列举具体事例说明事物。在说明复杂或难以理解的事物事理时常用这一方法。举例说明和举例论证不同:举例论证意在将所举之例作为论据去证明一个观点;举例说明意在说明事物本身
	图表说明	运用图画、照片、表格、符号以及由符号组成的公式等来说明客观事物与事理的表达方式
	引用说明	为了使被说明的事物和事理准确、可信,便从有关资料中选取例子进行说明
	形象说明	用一些文艺的笔法,对说明对象进行形象化介绍。比如用比喻、拟人手法进行说明

知识解读

考生需掌握说明的方法有哪些以及它们的含义。常考查选择题。

真题小练

【单选题】

1.(2017年10月全国)对事物的状况、性质、特征与成因等作简明概括的解释,这种说明方法是( )

　　A. 诠释说明　　　　　　　　　　B. 举例说明

　　C. 分类说明　　　　　　　　　　D. 定义说明

【答案】 A

【解析】 诠释说明:就是解释,是对事物的状况、性质、特征与成因等作简明概括的解释说明。关键词为"解释"。"举例说明"须列举具体事例;"分类说明"须划分类别并逐类说明;"定义说明"须确切概括事物的本质特征。

2.(2008年7月全国)"《水经注》里提到的'旅人桥'大约建于公元二八二年,可能是记载的最早的石拱桥了。"这段文字用的说明方法是( )

　　A. 比喻说明　　　　B. 引用说明　　　　C. 分类说明　　　　D. 诠释说明

【答案】 B

【解析】 引用说明,即为了使被说明的事物和事理准确、可信,便从有关资料中选取例子进行说明。题干中引用了《水经注》中的例子,故采用的说明方法是引用说明。

3.(2014年4月全国)"人是能够制造工具和使用工具进行劳动的高级动物。"这一句使用的说明方法是( )

　　A. 定义说明　　　　B. 诠释说明　　　　C. 举例说明　　　　D. 介绍说明

【答案】 A

【解析】　定义说明：用精练的语言对事物的本质特征作确切的概括,使读者对被说明的事物,获取一个明确概念的说明方法。题干的这句话显然是用精练的语言对人的本质特征做了确切的概括,所以使用了"定义说明"。

第六节　行文的语言方式

本节主要介绍行文的原则、语感和技巧的具体内容。

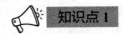

■ **行文的原则** ☆

(1) **准确性**：表达内容所选用的语言是确切的、恰当的，这是对作者遣词造句的最基本的要求。
　　① 实用性文体：功用是服务于社会，行文中大量使用自然、人工语言符号，对语言准确性要求相当高
　　②文学类文体：其准确只着眼于贴切、恰当，符合文艺世界的事物构造
(2) **简明性**：简明，即简要明白（不可长篇大论，毫无头绪）
(3) **生动性**：语言活泼、富有生气、能感染人，具有动态美

■ **知识解读**

考生需掌握行文的原则,着重记忆三个原则的含义,常考查选择题。

■ **真题小练**

【单选题】

(2007 年 4 月全国)语言的生动是指(　　　)

A. 用相对俭省的文字传递尽可能丰富的信息

B. 语言适应文章的表现对象和题材特点

C. 语言具体形象、活泼多变、感情充沛

D. 用恰当语言确切传达作者感受、印象和认识

【答案】　C

【解析】　生动性指语言活泼、富有生气、能感染人,具有动态美。而语言的形象性是生动性的一种具体表现。故 C 项正确。

■ 牛刀小试

【单选题】

写作时,在遣词造句方面对作者的最基本的要求是(　　)

A. 准确　　　　　　B. 生动　　　　　　C. 简明　　　　　　D. 全面

【答案】　A

【解析】　准确是指表达内容所选用的语言是确切的、恰当的,这是一般行文语言的重要属性,也是作者遣词造句方面的最基本的要求。

 知识点2

■ 行文的语感与技巧☆☆

行文的语感与技巧	斟酌词语	1. 辨析词义。语词有基本义、引申义、联想义,辨明语词的意义,才能把握好词与词的配合原则以及应用范围。辨析方法:(1)准确掌握词的中心意义或基本意义;(2)把握词的辅助义 2. 区分词语的色彩。根据情感色彩,词语可分为褒义词、贬义词、中性词。带有赞许、肯定、美好情感色彩的词称为褒义词,带有贬斥、否定、憎恶情感色彩的词为贬义词,不带有褒贬色彩的词称为中性词
	讲究语感	1. 语感:指的是对语言的感受能力 (1)语言分寸感:对词义的敏锐感觉和准确把握 (2)语体感:语体,即语言体式。语体感也即文体感 2. 语体分类 根据书面文体的功能,其语体分为文艺语体、科学语体、政论语体等 (1)文艺语体:又称文学语体或艺术语体,功能是塑造文艺形象并反映丰富复杂的社会生活,描绘自然世界,抒发情感,表达思想,具有形象性和情感性等特征 (2)科学语体:多在科学技术领域和生产领域使用,准确系统地阐述自然、社会和思维现象及其规律的一种书面语体 (3)政论语体:是在社会政治领域使用的一种书面语体,语言必须精确、规范,具有语体严肃性的特征
	斟酌句子	(1)注意语气变化 (2)注意长短相间 (3)注意骈散结合
	恰当运用修辞手法	(1)积极修辞手法:积极修辞的任务是把文章的意思生动形象地表达出来 (2)消极修辞手法:消极修辞手法的任务是把文章的意思清楚明白地表达出来
	正确使用标点符号	标点符号分为点号和标号。点号的作用在于表示说话时的停顿和语气;标号的作用在于标明语句的性质和作用 (1)标点可以改变语义 (2)标点断的位置不同,话语意义大相径庭 (3)标点符号有语法性质、逻辑性质、情感性质 (4)正确使用标点符号,先要了解标点的意义和用法 (5)标点依附于文字,又有相对独立性

第九章　文章修改

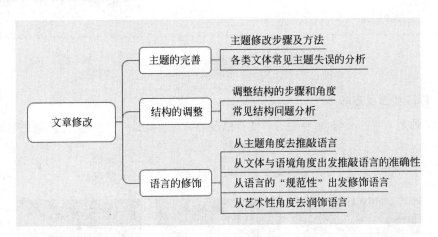

第一节　主题的完善

本节内容提要

> 主题是文章的灵魂、立身之本,本节主要论述分析了各类文体常见的主题失误:意浅情淡、论点偏颇、论点肤浅、文事杂乱。

知识点 1

■ 主题修改步骤及方法☆

1. 主题是文章的灵魂、立身之本。文章修改的第一步就是完善主题,使主题更明确、更深刻、更集中。

2. 对于习作者来说,写完了一篇文章可以用以下步骤和方法修改:

第一步:以读者的身份、心态、视点审阅自己的文章	第二步:辨析主题不完善的原因	第三步:选择合适的方法去修改
•可以用提问法、比较研究法、请教法等,检查主题的表达有无失误,是否深刻,是否新颖。	•辨析主题不完善的原因可按这样一条思路进行:立意—主题—思维。	•修改的时候,选取的方法应符合不同体类文章主题表达的要求。

■ 知识解读

考生需了解主题是文章的灵魂、立身之本,掌握主题修改步骤及方法的具体内容,常考查选择题。

■ 真题小练

【单选题】

1. (2011 年 4 月全国)主题在文章中的地位是(　　)

　　A. 线索　　　　　　B. 灵魂　　　　　　C. 纲目　　　　　　D. 眼睛

【答案】　B

【解析】　主题是文章的灵魂,是文章的立身之本。

2. (2013 年 4 月全国)主题在文章里有核心、统帅作用,下面与主题的要求不一致的是(　　)

　　A. 主题要集中　　　B. 主题要全面　　　C. 主题要明确　　　D. 主题要深刻

【答案】　B

【解析】　文章修改的第一步就是完善主题,使主题更明确、更深刻、更集中。由此可知,主题要全面与主题的要求不一致。

牛刀小试

【单选题】

1. 下列不属于主题修改的步骤的是(　　)

　　A. 以读者的身份、心态、视点审阅自己的文章

　　B. 辨析主题不完善的原因

　　C. 选择合适的方法去修改

　　D. 对应材料和主题是否相符

【答案】　D

【解析】　主题修改的步骤:(1)以读者的身份、心态、视点审阅自己的文章;(2)辨析主题不完善的原因;(3)选择合适的方法去修改。

2. 辨析主题不完善的原因,思路是(　　)

　　A. 主题—材料—立意—材料—思维　　　B. 立意—材料—思维—材料—主题

　　C. 立意—主题—材料—思维—材料　　　D. 立意—材料—主题—材料—思维

【答案】　D

【解析】　辨析主题不完善的原因得按这样一条思路走:立意—材料—主题—材料—思维。

各类文体常见主题失误的分析 ☆

各类文体常见主题失误的分析	(1) 意浅情淡 (2) 论点偏颇 (3) 论点肤浅 (4) 文事杂乱,题旨不明

知识解读

考生识记几种常见的主题失误即可。

第二节　结构的调整

本节主要介绍调整结构的步骤和角度以及常见结构问题分析。

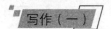

知识点 1

■ 调整结构的步骤和角度 ☆

1. 调整结构是修改文章的第二个方面。

2. 结构是文章的"骨架"，是思想内容的表现形式。

3. 调整结构可以按以下步骤进行：

第一步　根据主题的修改情况调整结构。

第二步　借鉴不同文体最佳结构模式调整结构。

第三步　按结构的美学要求调整结构。

■ 知识解读

考生了解调整结构的三个步骤即可。

■ 牛刀小试

【单选题】

文章的"骨架"，思想内容的表现形式指的是(　　　)

A. 提纲　　　　　　B. 结构　　　　　　C. 构思　　　　　　D. 标题

【答案】　B

【解析】　结构是文章的"骨架"，是思想内容的表现形式。它和语言文字一样具有很强的表现力。

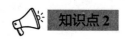

知识点 2

■ 常见结构问题分析 ☆

常见结构问题分析	结构庞杂紊乱。从表达角度看,这是结构与主题结合不紧密所致
	拼盘式结构。这种结构问题在实用文写作中尤为突出
	结构要素不完整、运用不规范: (1) 内容结构残缺 (2) 发文字号编写不规范 (3) 标题不规范

■ 知识解读

考生了解常见结构问题有哪些即可。

■ **牛刀小试**

【单选题】

结构要素不完整、运用不规范的内容不包括(　　)

A. 内容结构残缺　　　　　　　　B. 没有中心题旨

C. 发文字号编写不规范　　　　　D. 标题不规范

【答案】　B

【解析】　结构要素不完整、运用不规范：(1)内容结构残缺；(2)发文字号编写不规范；(3)标题不规范。

第三节　语言的修饰

　　本节主要介绍语言的修饰的内容,包括：从主题角度去推敲语言,从文体与语境角度出发推敲语言的准确性,从语言的"规范性"出发修饰语言和从艺术性角度去润饰语言。

■ **从主题角度去推敲语言** ☆

从主题角度去推敲语言	语言是为主题服务的,语言的修饰自然要着眼于主题的需要。主题的形态风格不同,决定了语言风格的不同
	主题要求鲜明,比如学术文体、实用文体的主题,要语言准确,明确表达观点,并且要借用"标目""提要"等方法,使观点更加突出。同时要注意语言的繁简适当

■ **知识解读**

考生了解语言的修饰有哪些即可,常考查选择题。

■ **真题小练**

【单选题】

(2014年10月全国)下列关于语言修饰的说法,错误的是(　　)

A. 从主题角度去推敲语言

B. 从文体与语境角度出发推敲语言的准确性

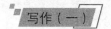

C. 从语言的"规范性"出发修饰语言

D. 从语言的华丽、繁丰角度出发去润饰语言

【答案】 D

【解析】 语言的修饰包括：从主题角度去推敲语言、从文体与语境角度出发推敲语言的准确性、从语言的"规范性"出发修饰语言和从艺术性角度去润饰语言。

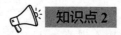

■ **从文体与语境角度出发推敲语言的准确性** ☆

从文体与语境角度出发推敲语言的准确性	根据各类文体不同的语言风格进行修饰。不同文体有不同风格,对语言有不同的要求,修改也有主次之别
	推敲语言在特定语境中的适用性。由于媒介方式的发展,语言在实践中有了变化、发展,比如网络语境中运用的有些词语,若在传统媒介语境中运用,表意可能就不清晰、不准确、不合适。要从**表意**和**接受**的角度,推敲语言在特定媒介语境中的适用性

■ **知识解读**

考生需了解如何从文体与语境角度出发推敲语言的准确性。

■ **牛刀小试**

【单选题】

推敲语言在特定媒介语境中的适用性,角度是表意和(　　　)

A. 法律　　　　　B. 运用　　　　　C. 传播　　　　　D. 接受

【答案】 D

【解析】 由于媒介方式的发展,语言在实践中有了变化、发展,比如网络语境中运用的有些词语,若在传统媒介语境中运用,表意可能就不清晰、不准确、不合适。要从表意和接受的角度,推敲语言在特定媒介语境中的适用性。

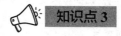

■ **从语言的"规范性"出发修饰语言** ☆

从语言的"规范性"出发修饰语言	推敲用字是否规范
	推敲用词是否准确。用词的准确性来自对事物认识的准确和对词代表的概念含义、范围的确切把握
	推敲句子是否通顺。句子要通顺必须合乎语法规则,合乎逻辑要求和修辞规范。改病句原则是简要、高效,使句式正确,语意畅达
	要推敲标点符号运用是否正确

知识点 4

从艺术性角度去润饰语言☆

从艺术性角度去润饰语言	艺术性,就是把话说得巧妙、优美。修改文章时要再度审视文章在语言上是否恰当运用了各种修辞手法,增强了感染力,唤起了读者的视觉、听觉以及内觉想象的审美愉悦等
	文章修改完要通读一遍,这时要注意文面的要求。文面是文章的卷面,是文章的外表,它包括文字书写和行款格式。文面规范、整洁、清晰、美观,能准确传达文章内容,提高表达的效果

知识解读

考生需掌握文面的含义及构成。常考查选择题。

真题小练

【单选题】

(2016 年 4 月全国)文章的外表包括文字书写和行款格式,又被称之为(　　　)

A. 格式　　　　　B. 文面　　　　　C. 字体　　　　　D. 版式

【答案】　B

【解析】　文面是文章的卷面,是文章的外表,它包括文字书写和行款格式。文面规范、整洁、清晰、美观,能准确传达文章内容,提高表达的效果。

第十章　文学创作综论

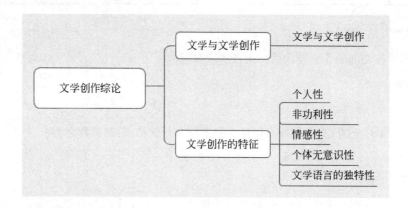

第一节　文学与文学创作

本节主要介绍了文学与文学创作的一般概念、文学观念的演变、文学的内涵与外延的变化。

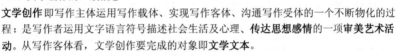

文学与文学创作☆

> （1）文学的一般概念
> 关于个人"亲身体验"的、具有"创造性"或"想象性"的作品。
> （2）文学创作的一般概念
> **文学创作**即写作主体运用写作载体、实现写作客体、沟通写作受体的一个不断物化的过程；是写作者运用文字语言符号描述社会生活及心理、**传达思想感情**的一项**审美艺术活动**。从写作客体看，文学创作要完成的对象即**文学文本**。
> （3）文学的内涵与外延的变化
> 早期的文学其实没有明确界限，它和文章、文献混淆在一起，像一些古代的历史著作、学术典籍、哲学、书信等，也属于历史哲学著作或公文。**在中国，文学被分离出来，取得独立的意义范畴是在魏晋南北朝时期。**

知识解读

考生需掌握文学和文学创作的概念，常考查选择题。

真题小练

【单选题】

（2014 年 10 月全国）从写作四要素考察文学创作的性质，下列说法正确的是（　　）

A. 文学创作即是写作主体运用写作载体、实现写作客体、沟通写作受体的一个不断物化的过程

B. 过于强调写作客体的意义容易导致思想晦涩

C. 过于强调写作载体容易导致商业化写作

D. 过于强调读者的重要性容易导致形式主义文风

【答案】　A

【解析】　文学创作不是各种因素的增加，也不是一个科学的分析过程，而是一个动态

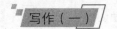

的整体过程,谁也不能脱离谁。文学创作,即写作主体运用写作载体、实现写作客体、沟通写作受体的一个不断物化的过程。

■ 牛刀小试

【单选题】

从写作客体看,文学创作要完成的对象即(　　　)

A. 文学文本　　　　B. 文章文本　　　　C. 文章文学　　　　D. 文字文学

【答案】　A

【解析】　从写作客体看,文学创作要完成的对象即文学文本。

第二节　文学创作的特征

本节主要介绍了文学创作的特征,包括个人性、非功利性、情感性、个体无意识性和文学语言的独特性。

■ 个人性☆

1. 个人性:文学创作是一种体验性的精神生产活动,而非社会性的生产活动。
2. 作者是自由的书写个体,即使有种种写作上的限制,或精神禁忌,或外在环境的制约,也均从**内心体验**上表现出来。

名师解读

■ 知识解读

考生需掌握文学创作的个人性的概念,常考查选择题。

■ 牛刀小试

【单选题】

作者是自由的书写个体,即使有种种写作上的限制,也均表现于(　　　)。

A. 文字表达　　　　　　　　B. 情感抒发

C. 内心体验　　　　　　　　D. 特定意象

【答案】　C

【解析】　作者是自由的书写个体,即使有种种写作上的限制,或精神禁忌,或外在环境的制约,也均从内心体验上表现出来。

◼ 非功利性☆

非功利性:文学创作是一种无目的性的精神创造活动,它不解决任何社会问题,也不承担任何社会职责。

◼ 知识解读

考生需掌握文学创作的非功利性的概念,常考查选择题和判断分析题。

◼ 真题小练

【单选题】

1.(2014年4月全国)关于文学创作区别于非文学性写作的特征,表述错误的是(　　)

A. 文学创作是个人性的　　　　B. 文学创作是功利性的

C. 文学创作是情感性的　　　　D. 文学语言是独特性的

【答案】　B

【解析】　文学创作的特征:(1)个人性;(2)非功利性;(3)情感性;(4)个体无意识性;(5)文学语言的独特性。

【判断分析题】

2.(2015年10月全国)文学创作具有很强的功利性。

【答案】　×。文学创作是一种无目的性的精神创作活动,即使文学在社会时代中发挥较大的作用和功能,也不像公文、法律文书等直接产生作用。尽管作者内心有受某种社会责任感的触动而进行文学创作,但创作本身是一种高度审美化的活动。因此,文学创作是非功利性的。

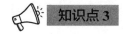

◼ 情感性☆

情感性:文学创作是一种情感型的思维活动。文字是主情的,是为了表达作者的思想感情而进行的一种语言思维外化活动。情感是主导作者进行写作的动因,且文学世界中的作者所遵循的也是情感上的逻辑,而非现实化的逻辑。

◼ 知识解读

考生需掌握文学创作的情感性的含义,常考查选择题。

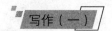

牛刀小试

【单选题】

1. 文学世界中的作者所遵循的是（　　）

A. 科学中的逻辑　　　　　　　　B. 情感上的逻辑

C. 艺术上的逻辑　　　　　　　　D. 现实化的逻辑

【答案】　B

【解析】　情感是主导作者进行文学写作的动因，且文学世界中的作者所遵循的也是情感上的逻辑，而非现实化的逻辑。

2. 在文学世界中，主导作者进行文学写作的动因是（　　）

A. 名利思想　　　　B. 社会责任　　　　C. 问题　　　　　　D. 情感

【答案】　D

【解析】　文学创作是一种情感型的思维活动。文字是主情的，是为了表达作者的思想情感而进行的一种语言思维外化活动。情感是主导作者进行写作的动因。

个体无意识性☆

1. 个体无意识性：文学创作渗透着作者的个体无意识的创造性。

2. 精神分析学理论的奠基人弗洛伊德把文学创作看成是作家的"白日梦"，而梦是无意识活动的表征。

知识解读

考生需掌握个体无意识性的含义，了解精神分析学理论的奠基人弗洛伊德把文学创作看成是作家的"白日梦"，常考查选择题。

牛刀小试

【单选题】

将文学创作看成是作家的"白日梦"的人是（　　）

A. 多萝西娅·布兰德　　　　　　B. 弗洛伊德

C. 康德　　　　　　　　　　　　D. 艾略特

【答案】　B

【解析】　精神分析学理论的奠基人弗洛伊德把文学创作看成是作家的"白日梦"。

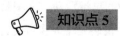

独特性☆

文学语言追求语言表意的丰富性，语言沟通的深广度以及语言传达中的延长性和回味性。

知识解读

考生需掌握文学语言追求的是语言表意的丰富性,常考查选择题。

牛刀小试

【单选题】

下列属于文学语言追求的目标的是(　　　)

A. 表意的清晰

B. 表意的丰富性

C. 使用习惯性的表达方式增加沟通的顺畅

D. 使语言交流达到准确、严谨的效果

【答案】　B

【解析】　文学语言与其他语言(科学语言、日常生活语言等)不同,它追求的是语言表意的丰富性,语言沟通的深广度,以及语言传达中的延长性和回味性。

第十一章　小　　说

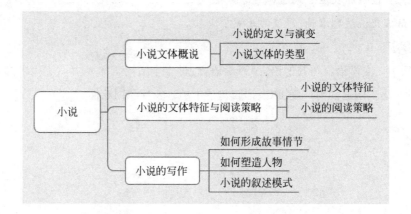

第一节 小说文体概说

本节内容提要

本节主要介绍了小说的定义与演变和小说文体的类型。

知识点 1

小说的定义与演变☆

1. 小说的定义
小说是一种以散文体书写的，通过人物、情节、环境的具体描绘展现人类生活画面及其意义的**虚构**故事。
2. 小说的要素及地位
（1）要素：**情节、人物、环境**。
（2）地位：小说在现代文学文体中居首位。它是以**叙事性**为主导的文学文体。核心是讲故事，所以古典小说理论强调情节为小说的第一元素。

知识解读

考生需掌握小说的定义和小说的要素及地位,常考查选择题。

真题小练

【单选题】

(2017 年 10 月全国)以散文体书写,通过人物、情节、环境的具体描绘来展现人类生活画面及其意义的虚构故事是( )

A. 小说   B. 诗歌

C. 散文   D. 戏剧

【答案】 A

【解析】 小说是一种以散文体书写的,通过人物、情节、环境的具体描绘展现人类生活画面及其意义的虚构故事。人物、情节、环境是小说的三个要素。

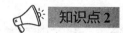

知识点 2

■ 小说文体的类型 ☆☆

古典小说类型	从形式上分：笔记体小说、章回体小说		
	从语言上分：文言文小说、白话文小说		
	从题材上分：世情小说、公案小说、武侠小说、神魔小说、历史演义、谴责小说等		
现代小说类型	(1) 按篇幅长短分： ① 长篇小说：篇幅长，容量大，结构复杂，反映社会生活和时代内容，揭示生活意蕴和社会发展规律(10 万字以上) ② 中篇小说：篇幅介于长篇与短篇之间，一般有 2 万~10 万字 ③ 短篇小说：篇幅较短，结构独特，多截取社会生活中有意义的片段和侧面加以反映，一般在 2000~20000 字 ④ 微型小说：也叫小小说。篇幅极为短小，情节单纯，往往只展现事件的某个瞬间或细节，表现出"一粒沙中见世界"的艺术妙处 (2) 按小说要素的侧重点不同划分： ① 情节小说 ② 心理小说 ③ 背景小说 (3) 按小说发展历史划分： ① 五四时期：书信体、日记体、自传体等 ② 20 世纪二三十年代：乡土小说、抒情小说 ③ 20 世纪 30 年代：社会剖析派、新感觉派、京派小说(萧红、沈从文) ④ 20 世纪 50—70 年代：革命历史小说、农村题材小说(《荷花淀》《小二黑结婚》) ⑤ 20 世纪 80—90 年代：社会小说、寻根小说、现代派、先锋小说、新写实、女性小说 ⑥ 此外，随着科技的进步，科幻小说、悬疑推理小说、网络小说等也应运而生		

■ 知识解读

考生要着重掌握现代小说的类型以及内容，常考查选择题。

■ 真题小练

【单选题】

1. (2015 年 10 月全国)篇幅极为短小，情节单纯，往往只展现事件的某个瞬间或细节的小说类型是(   )

A. 长篇小说   B. 中篇小说   C. 短篇小说   D. 微型小说

【答案】 D

【解析】 微型小说，也叫小小说。篇幅极为短小，情节单纯，往往只展现事件的某个瞬间或细节，表现出"一粒沙中见世界"的艺术妙处。关键词为"极为短小"。

2. (2015 年 4 月全国)篇幅长，容量大，结构复杂，适合反映广阔的社会生活和复杂的时代内容，揭示深刻的生活意蕴和社会发展规律的小说类型是(   )

A. 长篇小说   B. 中篇小说   C. 短篇小说   D. 微型小说

【答案】　A

【解析】　长篇小说：篇幅长,容量大,结构复杂,适合反映开阔的社会生活和复杂的时代内容,揭示深刻的生活意蕴和社会发展规律。

■ 牛刀小试

【单选题】

1. 现代小说,按小说要素的侧重点不同可划分为不同类型。其中,不包括(　　)

    A. 情节小说　　　　　　　　　　B. 微型小说

    C. 心理小说　　　　　　　　　　D. 背景小说

【答案】　B

【解析】　现代小说,按小说要素的侧重点不同划分：情节小说、心理小说、背景小说。微型小说,也叫小小说,是依据小说篇幅划分出的类别。

2. 下列古典小说类型,不属于从题材上划分的是(　　)

    A. 世情小说　　　　　　　　　　B. 笔记体小说

    C. 公案小说　　　　　　　　　　D. 谴责小说

【答案】　B

【解析】　从题材上分,古典小说可分为世情小说、公案小说、武侠小说、神魔小说、历史演义、谴责小说等。古典小说按形式可分为笔记体小说和章回体小说。

第二节　小说的文体特征与阅读策略

本 节 内 容 提 要

    本节主要介绍了小说的文体特征和阅读策略。

知识点 1

■ 小说的文体特征☆

小说的文体特征	虚构性的情节：小说文体自诞生以来就是以情节为首要目的。作者通过情节的虚构,巧妙设置圈套、巧合、悬念、冲突等,集中反映社会生活的方方面面
	体验式的人物：**人物**是小说文体表现的核心要素。作者对情节和环境的种种虚构设置,均是为了创造有利于人物性格或命运发展的情感逻辑过程

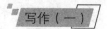

续表

小说的文体特征	具有生命感的自由时空： （1）小说展示的是一个由作者想象所创造的独特的小说世界，所有漫长离奇的情节和丰富多彩的人物形象，均包容在这个小说世界之中 （2）小说具有更广阔的题材领域和表现空间，时间上具有极大的自由，小说还可以自由地选择和转换透视生活的视角
	形象而多层次地揭示生活的意义：小说揭示生活的意义，或表现作者对社会人生的评价，是将这种评价渗透到作品的环境描写、人物刻画或情节结构之中，通过人物独特的命运来展现作品的主题

■ 知识解读

考生需掌握小说的文体特征包括：虚构性的情节、体验式的人物、具有生命感的自由时空和形象而多层次地揭示生活的意义，常考查选择题。

■ 牛刀小试

【单选题】

1. 小说文体表现的核心要素是（　　）

    A. 情节　　　　　　B. 人物　　　　　　C. 环境　　　　　　D. 线索

【答案】　B

【解析】　小说文体表现的核心要素是人物。作者对情节和环境的种种虚构设置，均是为了创造有利于人物性格或命运发展的情感逻辑过程。

2. 小说文体自诞生以来的首要目的是（　　）。

    A. 人物　　　　　　B. 情节　　　　　　C. 环境　　　　　　D. 标题

【答案】　B

【解析】　小说文体自诞生以来，就是以情节为首要目的。一些现代小说有时出现淡化情节的现象，但情节仍在暗暗地主导着小说的发展进程和结构安排。

知识点2

■ 小说的阅读策略☆

1. 努力把握故事情节的脉络。
2. 应当关注小说中的人物形象，尤其是主要人物的言行、各自地位，人物间相互关系及性格、情趣与思想。
3. 关于小说的思想和主题，看作品表现了什么思想内涵。
4. 把握小说的结构特点和表达技巧。
5. 关注小说的语言风格、环境描写、细节刻画以及各种表现技巧的运用。

知识解读

考生了解小说的阅读策略的内容即可,常考查选择题。

牛刀小试

【单选题】

阅读小说时,应有一定的策略。首先要做的是(　　　)。

A. 关注小说中的人物形象　　　　　　B. 分析小说的思想和主题

C. 把握小说的结构特点　　　　　　　D. 把握故事情节的脉络

【答案】　D

【解析】　阅读小说时:(1)首先要努力把握故事情节的脉络;(2)应当关注小说中的人物形象,尤其是主要人物的言行、各自地位,人物间相互关系及性格、情趣与思想;(3)关注小说的思想和主题,看作品表现了什么思想内涵;(4)把握小说的结构特点和表达技巧;(5)关注小说的语言风格、环境描写、细节刻画以及各种表现技巧的运用。

第三节　小说的写作

本节主要介绍了故事情节的形成、塑造人物的方式和小说的叙述模式。

如何形成故事情节☆

如何形成故事情节	将生活故事化是叙事文学形成的基础 (1) 情节形成的两个条件:时间上的序列;事件之间的逻辑关系 (2) 如何构思情节: 　① 由结果,探求原因和动机;或由原因,去推想结果 　② 行动(故事):发现、突转、偶然、巧合也是构成小说情节的基本要素。生动丰富的细节描写作为创造情境的要素,是小说成熟的标志,也是小说区别于叙事诗和戏剧文学等体裁的重要特点之一

知识解读

考生了解故事情节是如何形成的即可,常考查选择题。

📢 牛刀小试

【单选题】

1. 小说成熟的标志,小说区别于叙事诗和戏剧文学等体裁的重要特点之一是(　　)。

    A. 生动丰富的场面描写作为创造情境的要素

    B. 生动丰富的细节描写作为创造情境的要素

    C. 生动丰富的肖像描写作为创造情境的要素

    D. 生动丰富的心理描写作为创造情境的要素

【答案】　B

【解析】　生动丰富的细节描写作为创造情境的要素是小说成熟的标志,也是小说区别于叙事诗和戏剧文学等体裁的重要特点之一。

2. 叙事文学形成的基础是(　　)。

    A. 将生活文字化　　　　　　　　B. 将生活故事化

    C. 将生活形象化　　　　　　　　D. 将生活符号化

【答案】　B

【解析】　将生活故事化是叙事文学形成的基础。小说即是一种典型的叙事文学样式。

 知识点 2

📢 如何塑造人物☆☆☆

如何塑造人物	1. 人物在叙事性作品中的地位 (1) 以**情节**为中心或非心理性的叙事作品。这种叙事作品中,人物性格与行动紧密地联系在一起,没有不付诸行动的动机和欲望。如:贪婪——索取财富;好色——追逐女性等 (2) 以**人物**为中心或**心理**性的叙事作品。这种叙事作品中,人物性格会在叙事线条中得到多方面展示
	2. 人物在叙事性作品中的功能 (1) **行动元**。格雷马斯在《结构语义学》中提出了神话的行动元模型,将叙事作品中的角色根据其在情节中的功能归纳为三组行动元。即:主体/客体;发送者/接受者;辅助者/反对者。行动元即人物作为一个发出动作的单位对故事进程产生推动作用的功能,也就是说,在以情节为中心的叙事作品中,**人物**其实只是情节链条上的一个功能符号 (2) **人物形象**(**角色**)。现代小说更倾向于将角色塑造为富有个性特征的人物形象
	3. 人物塑造类型:圆形人物与扁形人物。这种分类是英国小说理论家福斯特提出的 (1) **圆形人物**:文学作品中具有复杂性格特征的人物。圆形人物的塑造按照生活的本来面目去刻画人物形象,更真实、更深入地揭示人性的复杂、丰富,具有更高的审美价值 (2) **扁形人物**:有时也叫**类型化人物**或**漫画式人物**。多是围绕着单一的观念或素质塑造的,人物性格呈现的是一个简单的意念或特性,人物只是为了某一个固定念头而生活在种种的矛盾冲突之中

知识解读

对于如何塑造人物的具体内容了解即可,着重掌握圆形人物、扁形人物和行动元的概念,常考查选择题和论述题。

真题小练

【单选题】

1.(2017年4月全国)文学作品中按照生活的本来面目去刻画人物形象,创造出的具有复杂性格特征的人物类型是(　　)

　　A.圆形人物　　　　B.扁形人物　　　　C.正面人物　　　　D.反面人物

【答案】　A

【解析】　圆形人物指文学作品中具有复杂性格特征的人物。圆形人物的塑造按照生活的本来面目去刻画人物形象,更真实、更深入地揭示人性的复杂、丰富,具有更高的审美价值。

2.(2015年10月全国)围绕着单一的观念或素质塑造的,人物性格呈现的是一个简单的意念或特性,容易为读者辨认和记忆的是(　　)

　　A.圆形人物　　　　　　　　　　B.扁形人物

　　C.正面人物　　　　　　　　　　D.反面人物

【答案】　B

【解析】　扁形人物有时也叫类型化人物或漫画式人物。多是围绕着单一的观念或素质塑造的,人物性格呈现的是一个简单的意念或特性,人物只是为了某一个固定念头而生活在种种的矛盾冲突之中。多用集中、夸张、巧合等艺术手段塑造。

3.(2016年10月全国)小说中的人物作为一个发出动作的单位对故事进程产生推动作用的功能是(　　)

　　A.角色　　　　　　　　　　　　B.扁形人物

　　C.行动元　　　　　　　　　　　D.圆形人物

【答案】　C

【解析】　行动元:法国批评家格雷马斯在《结构语义学》中提出了神话的行动元模型,将叙事作品中的角色根据其在情节中的功能归纳为三组行动元。即:主体/客体;发送者/接受者;辅助者/反对者。这里所谓的行动元即人物作为一个发出动作的单位对故事进程产生推动作用的功能。

牛刀小试

【单选题】

1.将人物塑造的类型划分为圆形人物与扁形人物的是(　　)

　　A.果戈里　　　　B.福斯特　　　　C.艾略特　　　　D.康德

【答案】　B

【解析】　人物塑造类型可分为圆形人物与扁形人物。这种分类是英国小说理论家福斯特提出的。

2. 法国批评家格雷马斯将叙事作品中的角色根据其在情节中的功能归纳为三组行动元,其中不包括(　　)。

　　A. 主体/客体　　　　　　　　B. 发送者/接受者

　　C. 主动者/被动者　　　　　　D. 辅助者/反对者

【答案】　C

【解析】　法国批评家格雷马斯在《结构语义学》中提出了神话的行动元模型,将叙事作品中的角色根据其在情节中的功能归纳为三组行动元,即主体/客体;发送者/接受者;辅助者/反对者。

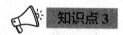

知识点3

■ **小说的叙述模式** ☆☆☆

小说的叙述模式	1. 如何改变叙述时间 (1) 叙述次序 ① 叙述时间,也就是作者在虚构世界中自由讲述的时间 ② 跟这一时间概念相对的是故事时间,即故事内容中发生的时间 ③ 现代小说在叙述时间的交错上主要有两种情形 回叙,即对往事的追述,例:"三十年前的那个夜晚" 预叙,即对未来的暗示与预期的叙述,例:"书中暗表,……这是后话,咱们暂且不提" (2) 叙述节奏 叙述时间的快慢即叙述的节奏,也叫叙述跨度,是文本虚构时间里的事件实际时间与叙述话语时间的比率。它由慢到快衍生为五种情形: ① 叙述停顿,时间停滞,比率无限小,节奏极慢 ② 铺张叙述,对较短的故事时间充分展开叙述铺陈,比率变小,节奏慢 ③ 场景对话,故事时间与叙述时间比值约等于1 ④ 概括叙述,叙述话语把一段故事的时间压缩为主要特征的描写,则叙述时间比故事时间短,比率变大,节奏快 ⑤ 叙述省略,故事在叙述中以沉默跳过,比率无限大,节奏很快 (3) 叙述频率 故事虚构的讲述时间是可以重复的,不断地被讲述、引用、强化、忽略、合并等,这叫叙述频率,叙述频率有以下几种情形: ① 单指:如"这天早上我起得很早" ② 反复:如"昨天我去了海边,今天我又去了海边" ③ 重复:如《祝福》中祥林嫂在小说中的话语重复,"我真傻……"一段,表示人物心理内心的困扰 ④ 复指:如"我连续三天早上都碰见他"

小说的叙述模式	**2. 如何改变叙事空间** 改变虚构故事的空间问题,即寻求在小说文本世界中的叙述视角问题。叙述空间的呈现方法,一般根据叙述者与人物形成的视角关系,存在三种类型的叙述视角: (1) **无聚焦或零聚焦**:即是叙述者说的比任何人物知道的都多,用数学公式表示为:叙述者>人物 (2) **内聚焦**:即是叙述者只说某个人物知道的情况,用数学公式表示为:叙述者=人物 (3) **外聚焦**:即是叙述者说的比人物知道的少,用数学公式表示为:叙述者<人物
	3. 如何选择叙事动作 作者在虚构一部小说文本世界时,已经不是现实中的作者了,而是叙事的代言人。在创作中,作者忘却了现实的自我,会在文本世界中寻找合适的代言人角色,即叙述者 (1) 叙述者 即是作者在具体作品中的叙述身份,但作者不能简单地等同叙述者,他们之间隔了多重的距离,做一个由外到内的排列则是: ① 现实作者:作品署名的人,指向现实或历史中存在的人 ② 隐含作者:进入写作状态的理想作者,或阅读作品时读者期待的作者 ③ 叙述者:具体的作品中发出叙述动作的人 ④ 人物"我":具体的作品中被叙述的人 (2) 叙述动作 小说世界当中有了叙述者的存在,自然就会有叙述动作,即叙述者的声音。它是叙述动作在作品中的体现,经常会在叙述故事内容当中凸显出来,构成戏剧化的效果

■ 知识解读

在本知识点中,考生需着重掌握预叙和内聚焦的含义。叙述跨度由慢到快衍生的五种情形也需要考生理解记忆,常考查选择题。

■ 真题小练

【单选题】

1.(2017 年 10 月全国)"书中暗表,……这是后话,咱们暂且不提",这是指叙述手法中的( )

　　A. 回叙　　　　　　B. 总叙　　　　　　C. 分叙　　　　　　D. 预叙

【答案】　D

【解析】　预叙,即对未来的暗示与预期的叙述方法。例如中国古典叙事常用"书中暗表,……这是后话,咱们暂且不提"。预叙不仅让小说叙述构成前后照应,更让读者有一种期待,将故事的发展时时跟未来连接在一起,使得小说叙述时空更加紧凑,更具有内蕴性效果。

2.(2018 年 4 月全国)小说中叙述者只讲述作品中某个人物知道的情况,这时所采用的叙事视角是( )

A. 零聚焦   B. 无聚焦   C. 内聚焦   D. 外聚焦

【答案】 C

【解析】 内聚焦，即是叙述者只说某个人物知道的情况。用数学公式表示为：叙述者＝人物。无聚焦或零聚焦即是叙述者说的比任何人物知道的都多。用数学公式表示为：叙述者＞人物。外聚焦即是叙述者说的比人物知道的少。用数学公式表示为：叙述者＜人物。

3. (2017 年 4 月全国) 小说作品中的叙述话语把一段故事的时间压缩为主要特征的描写，此时叙述时间比故事时间短，比率变大，节奏快，这种叙述节奏是( )

A. 叙述停顿   B. 铺张叙述   C. 概括叙述   D. 叙述省略

【答案】 C

【解析】 叙述时间的快慢即叙述的节奏，也叫叙述跨度，即文本虚构时间里的事件实际时间与叙述话语时间的比率。它由慢到快衍生为五种情形：(1)叙述停顿为描写，故事时间停滞，比率无限小，节奏极慢；(2)铺张叙述，对一段较短的故事时间充分展开叙述铺陈，比率变小，节奏慢；(3)场景对话，故事时间与叙述时间比值约等于一；(4)概括叙述，叙述话语把一段故事的时间压缩为主要特征的描写，则叙述时间比故事时间短，比率变大，节奏快；(5)叙述省略，故事在叙述中以沉默跳过，比率无限大，节奏极快。

牛刀小试

【单选题】

1. "几年以后，当他站在父亲的墓碑前，他肯定会记起今天离别家乡时父亲语重心长的嘱咐。"请问，若小说以本句开篇，所采用的叙述次序是( )

A. 顺叙   B. 回叙   C. 预叙   D. 倒叙

【答案】 C

【解析】 预叙，即对未来的暗示与预期的叙述方法。题干中的关键词为"几年以后、今天"。

2. 故事在叙述中以沉默跳过，比率无限大，节奏极快，称为( )

A. 叙述停顿   B. 铺张叙述   C. 概括叙述   D. 叙述省略

【答案】 D

【解析】 叙述省略，即故事在叙述中以沉默跳过，比率无限大，节奏极快。

第十二章　诗　　歌

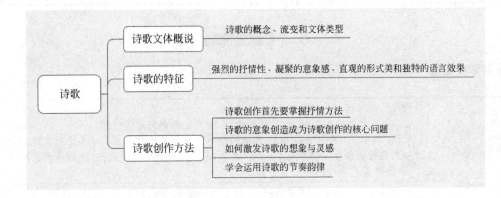

第一节 诗歌文体概说

本节主要介绍诗歌的概念、流变和文体类型。

诗歌的概念 ☆

诗歌的概念	诗歌的定义及变化： (1) 古代：不合乐的称为诗，合乐的称为歌，后世将两者统称为诗歌 (2) 现代：诗歌是"用凝练的语言、充沛的情感以及丰富的意象来高度集中地表现社会生活和人类精神世界"；诗歌是"一种以意象为元素，以想象为方式，以建构精神意境为重心，以韵律节奏为外形的语言艺术"
	诗歌在中国古典文学文体中居首位，诗歌是以**抒情性**为主导的文学文体

知识解读

考生需掌握诗歌的定义性质及变化，常考查选择题。

牛刀小试

【单选题】

1. "用凝练的语言、充沛的情感以及丰富的意象来高度集中地表现社会生活和人类精神世界"的是（　　）

A. 诗歌　　　　　　B. 散文　　　　　　C. 歌曲　　　　　　D. 散文诗

【答案】　A

【解析】　诗歌的定义及变化：(1)在中国古代：不合乐的称为诗，合乐的称为歌，后世将两者统称为诗歌；(2)今天对诗歌的定义：诗歌是"用凝练的语言、充沛的情感以及丰富的意象来高度集中地表现社会生活和人类精神世界"，诗歌是"一种以意象为元素，以想象为方式，以建构精神意境为重心，以韵律节奏为外形的语言艺术"。

2. 以抒情性为主导的文学文体是（　　）

A. 散文　　　　　　B. 诗歌　　　　　　C. 小说　　　　　　D. 论文

【答案】　B

【解析】　诗歌在中国古典文学文体中居首位，是以抒情性为主导的文学文体。

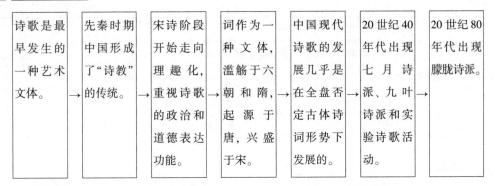

知识点 2

■ **诗体的流变☆**

诗歌是最早发生的一种艺术文体。	先秦时期中国形成了"诗教"的传统。	宋诗阶段开始走向理趣化,重视诗歌的政治和道德表达功能。	词作为一种文体,滥觞于六朝和隋,起源于唐,兴盛于宋。	中国现代诗歌的发展几乎是在全盘否定古体诗词形势下发展的。	20世纪40年代出现七月诗派、九叶诗派和实验诗歌活动。	20世纪80年代出现朦胧诗派。

■ **知识解读**

考生了解诗歌的流派即可,常考查选择题。

■ **牛刀小试**

【单选题】

1. 我国的艺术文体中,最早发生的是(　　)

　　A. 小赋　　　　　　　　　　B. 散文

　　C. 诗歌　　　　　　　　　　D. 小说

【答案】　C

【解析】　诗歌的历史源远流长,它是最早发生的一种艺术文体。

2. 20世纪40年代,我国出现了将现代自由诗歌与革命现实融合的(　　)

　　A. 七月诗派　　　　　　　　B. 朦胧诗派

　　C. 九叶诗派　　　　　　　　D. 新月诗派

【答案】　A

【解析】　20世纪40年代,我国出现将现代自由诗歌与革命现实融合的七月诗派和将西方现代派诗歌技艺与中国个体的抒情方式融合的九叶诗派,还有延安时期将现代自由诗体与民歌结合的实验诗歌活动,形成了表达时代政治内涵的政治抒情诗。

3. 诗歌发展到宋诗阶段开始走向(　　)

　　A. 诗教化　　　　　　　　　B. 格律化

　　C. 理趣化　　　　　　　　　D. 自由化

【答案】　C

【解析】　诗歌发展到宋诗阶段开始走向理趣化,重视诗歌的政治和道德表达功能,以议论、才学为诗,弱化了诗人个性抒情表达的时空。

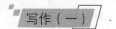

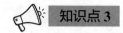 知识点 3

诗歌的文体类型 ☆

诗歌的文体类型	从诗歌的发展史分：汉语诗歌可分为旧体诗和新诗
	根据诗歌的容量分：短诗、长诗、组诗
	根据诗歌的题材分：爱情诗、山水诗、田园诗、边塞诗、政治诗、军旅诗等
	根据诗歌的表现方法分：抒情诗与叙事诗
	其他活泼诗歌文体形式：打油诗、回文诗、藏头诗、题画诗、讽刺诗等

知识解读

考生需着重掌握诗歌文体类型的内容，常考查选择题。

牛刀小试

【单选题】

1. 根据诗歌的容量划分的诗歌的文体类型中，不包括（　　）

A. 长诗 　　　　　　　　　　　B. 短诗

C. 组诗 　　　　　　　　　　　D. 律诗

【答案】　D

【解析】　本题考查诗歌的文体类型。诗歌的文体类型，根据诗歌的容量分为：长诗、短诗和组诗。

2. 根据诗歌的表现方法，诗歌可分为叙事诗和（　　）

A. 抒情诗 　　　　　　　　　　B. 爱情诗

C. 政治诗 　　　　　　　　　　D. 军旅诗

【答案】　A

【解析】　根据诗歌的表现方法分：抒情诗与叙事诗。根据诗歌的题材分：爱情诗、政治诗、军旅诗等。

3. 下列诗歌的文体类型中，不属于依据诗歌题材划分的是（　　）

A. 边塞诗 　　　　　　　　　　B. 爱情诗

C. 讽刺诗 　　　　　　　　　　D. 山水诗

【答案】　C

【解析】　根据诗歌的题材分：爱情诗、山水诗、田园诗、边塞诗、政治诗、军旅诗、儿童诗等。讽刺诗属于在一定的时代和语境下产生的活泼的诗歌文体形式，这种文体类型不是依据诗歌题材划分的。

第二节　诗歌的特征

本节主要介绍诗歌的四个特征。

诗歌的特征 ☆

诗歌的特征	强烈的抒情性：在所有的文学文体中，诗歌对情感的表达最直露、最强烈
	凝聚的意象感：诗歌的表达靠凝聚着的意象来进行
	直观的形式美：现代诗人闻一多提出诗歌有三美——音乐美、绘画美、建筑美
	独特的语言效果：诗歌的语言追求的是无逻辑性、跳跃性，凝练而高度表意性的文字，最简洁的语言承载最丰富的诗歌内涵

知识解读

考生需着重掌握诗歌的特征以及内容，常考查选择题。

真题小练

【单选题】

1.（2017年4月全国）诗歌的文体特征不包括(　　)

　　A. 强烈的抒情性　　　　　　　　B. 凝聚的意象感

　　C. 体验式的人物　　　　　　　　D. 直观的形式美

【答案】　C

【解析】　诗歌的特征：（1）强烈的抒情性；（2）凝聚的意象感；（3）直观的形式美；（4）独特的语言效果。诗歌是一种特别的文学文体。"诗歌的文体特征"即"诗歌的特征"。

2.（2015年10月全国）在所有文学文体中，对情感的表达最直露、最强烈的是(　　)

　　A. 小说　　　　B. 诗歌　　　　C. 散文　　　　D. 戏剧

【答案】　B

【解析】　在所有的文学文体中，诗歌对情感的表达最直露、最强烈。在经典诗人中，屈原的"天问"、陶渊明的避世、李白的豪放、艾青忧郁的大地情怀等，无不展示着深切的情感。

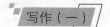

牛刀小试

【单选题】

下列文体中,外在特征为形式美的是( )

A. 散文 B. 诗歌

C. 小说 D. 戏剧

【答案】 B

【解析】 诗歌文体的外在特征几乎一目了然,即其形式上的美。现代诗人闻一多提出诗歌有三美:音乐美、绘画美、建筑美。诗歌文体独特的形式美特征,是其他文学文体无法直观的一种外在特征。

第三节 诗歌创作方法

本节主要介绍了诗歌创作的抒情方法、诗歌的意象创造、诗歌的想象与灵感的激发方法以及诗歌节奏韵律的运用。

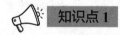

诗歌创作首先要掌握抒情方法☆

诗歌创作首先要掌握抒情方法	诗歌是以**抒情**为主的文学文体,抒情是诗歌创作的方法论
	抒情主体与抒情内容 1. 抒情主体的条件(诗人创作的条件) (1) 诗人需要有饱满的情绪冲动 (2) 需要有"发言"成诗的语言天赋 没有语言才能的人只能借助形体语言来即兴抒发情绪 有语言才能的人通过语言符号来表现,但必须是具有声音效果和形象性的语言 2. 如何抒情? 抒情主体如何学会运用一般的抒情话语,把抽象的情绪状态转化为形象可感的语言组织形式? (1) 首先抒情具有高度的表达自由度,能超越具体时空,达到对现实世界之上的审美世界的创造 (2) 其次这种情感状态的抒情内容,"只可意会不可言传",故其朦胧性与含混性导致抒情者对抒情话语形式的直接依赖

诗歌创作首先要掌握抒情方法	**抒情话语** 1. 抒情话语是一种表现性的话语形式,借助声音和画面的组织形式来象征性地表达情感 2. 抒情话语的表现方法及效果(如何将情绪和情感转化为声音和画面组织形式) (1) 要理解声与情、画与情的关系 (2) 要练习与模仿优秀诗人的抒情方式 (3) 找出自己内心潜藏的对诗歌的声音和敏感性。关于诗的声音,还有一个"音调"的问题,即指作品的整体气质和情绪 (4) 要获得属于自己的有个性的声音和画面组织形式 (5) 提炼与时代共鸣的声音和画面组织形式

■ **知识解读**

考生需着重掌握诗歌的抒情方法,常考查选择题。

■ **真题小练**

【单选题】

1.(2015 年 4 月全国)诗歌创作的主要方法论是(　　)

A. 叙述　　　　　　B. 描写　　　　　　C. 抒情　　　　　　D. 说明

【答案】　C

【解析】　诗歌是以抒情为主导的文学文体,抒情是诗歌创作的方法论。

【判断分析题】

2.(2016 年 4 月全国)诗歌的抒情话语,是一种表现性的话语形式。

【答案】　√。诗歌是一种以抒情为主的文学文体,与其他语体风格均不一样,诗歌的抒情话语,是一种表现性的话语形式。它是借助于声音和画面的组织形式来象征性地表达情感,使得抒情具有高度的表达自由度。

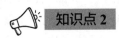
知识点 2

■ **诗歌的意象创造成为诗歌创作的核心问题☆**

诗歌的意象创造成为诗歌创作的核心问题	**意象**即充满意蕴、意义、意味的"表意之象" 意象的形成使得诗歌在文学文体的意义上走向独立与自觉。诗歌忌直白、浅易、味短。古典诗歌讲究含蓄、意境空灵;现代诗歌则讲究表意的深度,意象的繁复
	意象的结构方式 1. 跨越式:《卡尔索的圣马提诺镇》 2. 压缩式:《双桅船》先抒写"船"与"岸"在恶劣的环境当中所遭受的境遇,展示一个阔大动荡的航海之旅,到最后慢慢收缩为一缕静止性的哲理化诗情,造成一种时空浓缩感 3. 层次化:《相信未来》 4. 四维化:《公园里》 5. 镜头组接式:《序曲(之一)》

■ **知识解读**

考生需掌握意象的概念、意象的结构方式以及运用，常考查选择题。

■ **真题小练**

【单选题】

（2017年4月全国）舒婷《双桅船》先抒写"船"与"岸"在恶劣的环境当中所遭受的境遇，展示一个阔大动荡的航海之旅，到最后慢慢收缩为一缕静止性的哲理化诗情，造成一种时空浓缩感，采用的意象结构方式是（　　）

A. 跨越式　　　　　B. 压缩式　　　　　C. 层次化　　　　　D. 四维化

【答案】　B

【解析】　压缩式：《双桅船》先抒写"船"与"岸"在恶劣的环境当中所遭受的境遇，展示一个阔大动荡的航海之旅，到最后慢慢收缩为一缕静止性的哲理化诗情，造成一种时空浓缩感。

■ **牛刀小试**

【单选题】

1. 下列诗人及相应的诗歌作品中，运用层次化意象结构式的是（　　）

A. 舒婷《双桅船》　　　　　B. 食指《相信未来》

C. 普列韦尔《公园里》　　　　　D. 艾略特《序曲（之一）》

【答案】　B

【解析】　在食指的《相信未来》中，每节的意象虽不尽相同，但句式、节次都很整饬，且出现复沓，显得很有层次性，传达出诗人在复杂的思绪中对"相信未来"的执着信念。

2. 诗歌创作的核心问题是诗歌的（　　）

A. 主题选择　　　　　B. 意象创造　　　　　C. 情感抒发　　　　　D. 形象刻画

【答案】　B

【解析】　意象，即充满意蕴、意义、意味的"表意之象"。意象的形成使得诗歌在文学文体的意义上走向独立与自觉。对于大多数诗人来说，意象是诗歌作品的核心。诗歌创作的核心问题是诗歌的意象创造。

知识点 3

■ **如何激发诗歌的想象与灵感** ☆

如何激发诗歌的想象与灵感	**诗歌的想象思维** 想象是诗歌的思维方式。诗歌的想象需要满足两个条件：（1）要有强烈的情感性；（2）要有自由的联想能力，运用无逻辑、跳跃、组合变形、夸张、幻化等思维手段来达成想象的可能
	诗歌的灵感现象 灵感，是人们在艺术构思探索过程中由于某种机缘的启发，而突然出现的豁然开朗、精神亢奋，取得突破的一种心理现象

知识解读

考生需掌握诗歌的想象思维和灵感现象的内容,常考查选择题。

牛刀小试

【单选题】

1. 人们在艺术构思探索过程中由于某种机缘的启发,而突然出现的豁然开朗、精神亢奋,从而取得突破的心理现象是(　　)

　　A. 想象　　　　　B. 灵感　　　　　C. 意识流　　　　　D. 联想

【答案】　B

【解析】　灵感是人们在艺术构思探索过程中由于某种机缘的启发,而突然出现的豁然开朗、精神亢奋,从而取得突破的一种心理现象。灵感也是来自于后天的艰苦学习、长期实践,不断累积经验和知识而突然出现的富有创造力的思路。

2. 诗歌的想象需要满足两个条件,分别是要有强烈的情感性和(　　)

　　A. 要以现实世界为基础　　　　　B. 要与诗歌意境相符合

　　C. 要有自由的联想能力　　　　　D. 要有合理的逻辑性

【答案】　C

【解析】　诗歌的想象需要满足两个条件:一是要有强烈的情感性;二是要有自由的联想能力,运用无逻辑、跳跃、组合变形、夸张、幻化等思维手段来达成想象的可能。

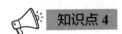
知识点 4

学会运用诗歌的节奏韵律☆

诗歌的节奏韵律	(1) 在古典诗歌的节奏韵律中,传统语言方式有:对仗、重复、排比、押韵、平仄、回环、照应等 (2) 现代诗歌更讲究自由的节律和诗行。对于现代诗歌创作来说,诗人们更注意语义符号上的表现,如英美新批评派提出几种诗歌批评术语:复义(含混)、反讽、悖论、张力、隐喻等,这些手法可以增加诗歌语言的深度,丰富诗歌表达的内涵 ① 含混(复义):指文学语言的多义形成的复合意义。意义含混指的是一个语言单位(字、词)包含两种或两种以上的意义,一句话也可以有多种理解的现象,是指某种修辞手段所产生的多种效果 ② 反讽:指语境对一个陈述语的明显的歪曲。可以表现在语言技巧上,也可以表现在整个作品结构之中 ③ 悖论:是一种表达复义的语言技巧。它使通常互相干扰、冲突、排斥、相互抵消的方面,在诗人手中结合成一个稳定的平衡状态。文学的悖论来源于生活本身的悖论性,相互矛盾的因素共同构成了现实世界 ④ 张力:指诗歌当中由词的字典意义与延伸意义所产生的相互牵制、相互依托的关系,诗歌的张力便来自于词的全部外延与内涵所表现的各种意义的统一 ⑤ 隐喻:比喻中的一种,也是诗歌的一种基本要素。一般来讲比喻中的明喻是喻体对喻旨的直接说明,而隐喻则要求喻体与喻旨"远距离""异质",如顾城《一代人》

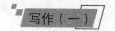写作（一）

■ **知识解读**

考生需掌握诗歌的多种节奏韵律的内容,常考查选择题。

■ **真题小练**

【单选题】

1. (2015年10月全国)互相干扰、冲突、排斥、互相抵消几方面在诗人手中结合成一个稳定的平衡状态,这种表达复义的语言技巧是( )

    A. 隐喻   B. 张力   C. 复义   D. 悖论

【答案】 D

【解析】 悖论是一种表达复义的语言技巧。它使通常互相干扰、冲突、排斥、相互抵消的方面,在诗人手中结合成一个稳定的平衡状态。文学的悖论来源于生活本身的悖论性,相互矛盾的因素共同构成了现实世界。

2. (2019年10月全国)一个语言单位包含两种或两种以上的意义,一句话可以有多种理解的现象,是指现代诗歌创作中的哪种语言技巧? ( )

    A. 隐喻   B. 张力   C. 复义   D. 悖论

【答案】 C

【解析】 含混(复义),指文学语言的多义形成的复合意义。也就是说,意义含混指的是一个语言单位(字、词)包含两种或两种以上的意义,一句话可以有多种理解的现象,是指某种修辞手法所产生的多种效果。

第十三章　散　文

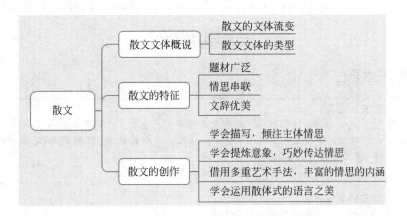

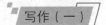

第一节　散文文体概说

本节主要介绍散文的文体流变以及类型。

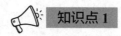

散文的文体流变☆

散文的文体流变	**散文的定义** (1) 广义：是指诗歌、小说、戏剧之外的所有具有文学性的散体文章 (2) 狭义：专指文艺性散文，是一种以记叙或抒情为主，取材广泛、笔法灵活、篇幅短小、情文并茂的文学样式 现代散文的特征是形散而神不散，短小优美，生动有趣
	散文的文体流变 (1) 散文文体的出现可以追溯到先秦历史散文 (2) 与此发展稍晚的是先秦诸子散文 (3) 其后经历汉赋，至《史记》的诞生，开创了纪传体的历史学，且开创了以人物为中心的叙事文学，奠定了中国散文文学的发展格局 (4) 魏晋南北朝时期发展成的骈文，是散文的一种特殊形态。延续到唐代，散文(古文)与骈文均处于不断消长变化之中。直到中唐"古文运动"直至宋代又重新倡导古文，出现"唐宋八大家"，形成了多样化的散文风格 (5) 元、明的散文发展在复古的大旗下一直进行着观念的论争与拟古倾向，强调文与道的统一，讲究文章法度，并日益陷入一种模拟化的形式文风之中 (6) 晚明小品文出现。其创作从思想上卸去"文以载道"的沉重负荷，行文上洗净传统古文章法格式，以悠然自得的笔调和漫话絮语式的形态轻松自然地体味人生与社会，其语言自由别致，并营造一定的艺术意境，影响了现代散文的形成 (7) 清代桐城派散文既是古代散文发展的理论高峰，也是古代散文式微的象征 (8) 与其他文体革命不同，现代散文的兴起是过渡最平稳，对传统文体传承、转化得最好的文体 (9) 20世纪三四十年代，现代散文的发展既有以林语堂为主的幽默闲适小品，也有以左翼作家为主的"鲁迅风"杂文，还有京派文人团体的艺术抒情散文与散文小品。由新闻体游记发展并形成的报告文学文体的产生，是现代散文发展的重要现象 (10) 新中国成立以来，通讯、特写、回忆录、传记文学等散文类别发展迅速

知识解读

　　考生了解散文的广义和狭义的定义即可，理解记忆散文的文体流变的具体内容，常考查选择题。

牛刀小试

【单选题】

下列作品,奠定了中国散文文学的发展格局的是(　　)

A.《韩非子》　　　　B.《论语》　　　　C.《老子》　　　　D.《史记》

【答案】　D

【解析】　《史记》的诞生,开创了中国纪传体的历史学,且开创了以人物为中心的叙事文学,奠定了中国散文文学的发展格局。

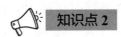

知识点 2

散文文体的类型 ☆☆☆

散文文体的类型	**古今各种散文门类** (1) 古代(清人姚鼐在《古文辞类纂》中分类):论辩、序跋、奏议、书说、赠序、诏令、传状、碑志、杂记、箴铭、颂赞、辞赋、哀祭13 类 (2) 现代:小品、随笔、杂感、短评、杂文、通讯、游记、日记、书信、特写、速写、回忆录、传记、演讲稿等
	根据现代散文立意的侧重点不同,分为叙事性散文、抒情性散文和哲理性散文 (1) **叙事性散文**。偏重于记人叙事为主的散文。如鲁迅的《藤野先生》、巴金的《怀念萧珊》、冰心的《寄小读者》、李健吾的《雨中登泰山》等 (2) **抒情性散文**。侧重于写景状物为主,多采用借景抒情,或托物言志的方式来抒发情绪,寄寓内心的情感。大多数写景散文都属于此类。如朱自清的《绿》《荷塘月色》,杨朔的《荔枝蜜》等。正是因为抒情散文与诗歌文体的接近,所以才出现了散文诗(诗化的散文)这一样式,如鲁迅的散文诗集《野草》 (3) **哲理性散文**。侧重于寓情于理的方式来表达对自然与人生的哲思。将抽象的道理与生动的情感结合在一起,产生一种理趣之美

知识解读

着重掌握叙事性散文、抒情性散文和哲理性散文的特点。

真题小练

【单选题】

1. (2016 年 10 月全国)鲁迅的散文诗集《野草》属于(　　)

A. 叙事性散文　　　B. 抒情性散文　　　C. 哲理性散文　　　D. 记人散文

【答案】　B

【解析】　正是因为抒情散文与诗歌文体的接近,所以才出现了散文诗(诗化的散文)这一样式,如鲁迅的散文诗集《野草》。

2. (2019 年 10 月全国)侧重于以寓情于理的方式来表达对自然与人生的哲思的散文类型是(　　)

A. 叙事性散文　　　　　　　　　　B. 哲理性散文

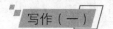

C. 抒情性散文　　　　　　　　　　D. 随笔

【答案】　B

【解析】　哲理性散文侧重于用寓情于理的方式来表达对自然与人生的哲思;叙事性散文偏重于记人叙事;抒情性散文以写景状物为主,多采用借景抒情,或托物言志的方式来抒发情绪。

3. (2010 年 7 月全国)下列不属于记人叙事散文的是(　　　)

A.《藤野先生》　　　　　　　　　　B.《白杨礼赞》

C.《一个老战士眼中的许世友》　　　D.《记铭璜同志》

【答案】　B

【解析】　叙事性散文,是偏重于记人叙事的散文。A 项中的"藤野先生"、C 项中的"许世友"、D 项中的"铭璜同志"都是人物,这三项都属于记人散文。B 项中的《白杨礼赞》是抒情散文。

第二节　散文的特征

本节主要介绍散文的特征。散文的特征主要包括三方面,即题材广泛、情思串联、文辞优美。

知识点

■ **散文的特征**☆☆

散文的特征	**题材广泛**散文之"散"体现在散文作者在创作时的随手拈来,融情思于对象之中
	情思串联散文虽"散",但必须要有文体的整体感。虽然文笔灵活多变,但情思是一条隐藏着的行文主线
	文辞优美现代散文最初又称"美文",有良好的阅读节奏感、精彩的文句修辞,时常成为范文,体现文章形式美的特征

■ **知识解读**

考生需掌握散文的特征的具体内容,常考查选择题。

真题小练

【单选题】

1.(2015年4月全国)散文的文体特征不包括(　　)

　　A.题材广泛　　　　B.时空自由　　　　C.情思串联　　　　D.文辞优美

【答案】　B

【解析】　散文的文体特征:题材广泛、情思串联、文辞优美。

2.(2019年10月全国)散文虽然不像小说那样有明显的线索和结构特点,但却隐藏着一条行文主线,这体现了散文的哪种文体特征?(　　)

　　A.题材广泛　　　　　　　　　B.具有生命感的自由时空

　　C.情思串联　　　　　　　　　D.文辞优美

【答案】　C

【解析】　情思串联:散文虽"散",但必须要有文体的整体感。虽然文笔灵活多变,但情思是一条隐藏着的行文主线。

牛刀小试

【单选题】

现代散文最初又称(　　)

A.散文诗　　　　B.诗化散文　　　　C.小品文　　　　D.美文

【答案】　D

【解析】　现代散文最初又称"美文"。这说明了散文的言辞必须优美,阅读时让人赏心悦目。

第三节　散文的创作

本节内容提要

本节主要介绍散文创作的特点:即散文创作是最自由无度的,甚至可以说是随便、散漫;但是散文的创作还是需要训练一些基本的技巧与方法。

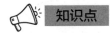
知识点

散文的创作☆

1.散文与小说、诗歌不同的"散体"特点:

(1)散文的散不仅指写作的主题和结构上可以随意,而且指写作的表达形态上也随意;

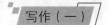

（2）诗歌,要有强烈的情感、核心的意象、凝练的结构以及抒情的主要表达形态;

（3）小说,要由深度的生命体验,结构的复杂有序,主要的叙事表达手段来完成。

2. 散文创作的一般方法要领如下表。

散文的创作的一般方法	1. 学会描写,倾注主体情思 散文写作需要有细腻的描写本领。散文的核心是要表现**情思** （1）散文的情思与诗歌的情感的区别 诗歌抒情是手段,散文抒情是目的 （2）如何练习描写 ① 有良好的观察力和真挚的生活态度 ② 文学写作中的描写蕴含着一种内在的动态感,它表现的是静中之动。所以,必须要找到在对象身上的那种动态感,即写作者内心意识到的生命流动感
	2. 学会提炼意象,巧妙传达情思 （1）散文的基本特征是**形散神聚** （2）散文意象的提炼,靠的是作者内在的情思
	3. 借用多重艺术手法,丰富情思的内涵 （1）叙事性散文经常运用独特的视角 （2）抒情性散文经常运用意境营造的手段 （3）哲理性散文则经常借鉴象征化的手段。散文化的象征手法喻体清晰,形象生动,其象征仍然是作者表达情思的一种凝聚,追求的是情、事、物与理的融合,如冰心的散文《谈生命》
	4. 学会运用散体式的语言之美 （1）散体式的语言之美 散文一般篇幅短小,作者切忌行文放任,拖泥带水,而要讲究**朴素**、**简练**、**优美**、**隽永** （2）"文如其人"的语言风格 ① 文学语言均是个性化的语言。例如"海好像我的母亲,湖是我的朋友""小朋友,两月之别,你们自己写了多少,母亲怀中的乐趣,可以说来让我听听吗" ② 散文语言有种本色的美。例如"我梦见自己在冰山间奔驰。这是高大的冰山,上接冰天,天上冻云弥漫,片片如鱼鳞模样。山麓有冰树林,枝叶都如松杉。一切冰冷,一切清白"

■ **知识解读**

考生需掌握散文的核心、基本特征以及创作的一般方法。

■ **牛刀小试**

【简答题】

简述散文创作的一般方法。

【答案与解析】 （1）学会描写,倾注主体情思。

（2）学会提炼意象,巧妙传达情思。

（3）借用多重艺术手法,丰富情思的内涵。

（4）学会运用散体式的语言。

第十四章　报告文学与纪实性写作

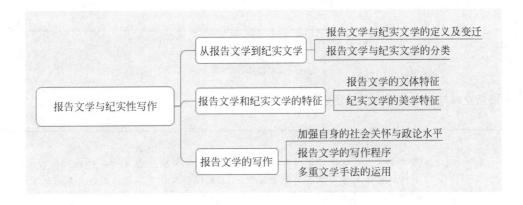

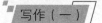

第一节　从报告文学到纪实文学

本 节 内 容 提 要

本节主要介绍了报告文学与纪实文学的定义、变迁以及报告文学与纪实文学的联系和分类。

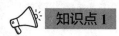知识点 1

■ 报告文学与纪实文学的定义及变迁☆

| 报告文学与纪实文学的定义及变迁 | 1. 报告文学
报告文学本是从新闻报道和纪实性散文中生成并独立出来的一种散文体裁。随着传统报告文学的新闻功能被替代，今天的报告文学更体现出文体交叉的优势
2. 报告文学的变迁
（1）19 世纪的晚清时期，现代报刊在中国出现，形成一种散文与新闻相结合的写法，出现了第一批初具报告文学雏形的作品
（2）"五四"新文化运动后，鲁迅、冰心、瞿秋白、柔石等作家写作了大量介绍世界见闻的新闻体游记
（3）"报告文学"这一名词直到 1930 年才正式被引进。1932 年阿英选编的《上海事变与报告文学》是第一部以"报告文学"命名的作品集，对"报告文学"这一新兴体裁的发展起到了积极的推动作用
（4）20 世纪 30 年代初是报告文学创作的兴盛期。题材开拓，思想、技巧、文体等方面也日趋成熟。30 年代中后期，出现了一批风格迥异、形式多样，在思想和艺术上都非常成熟的作品，有夏衍的《包身工》、萧乾的《流民图》、宋之的的《1936 年春在太原》、胡愈之的《莫斯科印象记》、林克多的《苏联见闻录》等
（5）抗战爆发后，报告文学成为时代文学的主流。如范长江的《卢沟桥畔》系列战地报告文学等。同时，解放区报告文学创作积极反映劳动人民中的先进人物、民族英雄
（6）新中国成立后的报告文学多以讴歌新社会、新生活、新人物、新事物为主要表现内容
（7）新时期，《人民文学》在 1978 年 1 月号头条位置刊发徐迟的《哥德巴赫猜想》，揭开了新时期报告文学复苏与繁荣的序幕
（8）随着中国的经济建设飞速发展，不仅出现了全景式报告文学、问题报告文学的写作样式，并且不断扩展其写实性的表现领域 |
| | 3. 纪实文学
（1）纪实文学是一种迅速反映客观真实的现实生活的新兴文学样式，亦称报告小说
（2）纪实文学又称纪实小说、报告小说、口述实录文学，还有以新新闻体小说、非虚构小说来命名的 |

续表

报告文学与纪实文学的定义及变迁	4. 报告文学与纪实文学的联系 (1) 随着中国经济建设的飞速发展,报告文学不仅出现了全景式报告文学、问题报告文学的写作样式,而且不断地扩展其写实性的表现领域,深入到社会、经济等各个领域,并借助丰富的文学手段,向更为宽泛的纪实性写作延展 (2) 纪实文学的兴盛把报告文学文体带入到一个开放的、多样化的文学领地

知识解读

考生需掌握报告文学和纪实文学的概念以及报告文学与纪实文学的联系,理解记忆报告文学的变迁的具体内容,常考查选择题。

真题小练

【单选题】

(2016年10月全国)夏衍的《包身工》是(　　)

A. 报告文学　　　　B. 小说　　　　C. 纪实文学　　　　D. 散文

【答案】　A

【解析】　20世纪30年代初是报告文学创作的兴盛期。到30年代中后期,报告文学创作迎来了丰收的成熟时期,出现了一批风格各异、形式多样,在思想和艺术上都非常成熟的作品,有夏衍的《包身工》、萧乾的《流民图》等。

牛刀小试

【单选题】

萧乾的《流民图》是(　　)

A. 小说　　　　B. 纪实文学　　　　C. 诗歌　　　　D. 报告文学

【答案】　D

【解析】　20世纪30年代中后期,报告文学创作迎来了丰收的成熟时期,出现了一批风格各异、形式多样,在思想和艺术上都非常成熟的作品,有夏衍的《包身工》、萧乾的《流民图》、宋之的的《1936年春在太原》、胡愈之的《莫斯科印象记》、林克多的《苏联见闻录》等。

知识点2

报告文学与纪实文学的分类☆

报告文学的分类	1. 按内容:人物性报告文学、事件性报告文学 (1) 人物性报告文学:指以人物叙写为中心,完整地塑造一个现实生活中人物形象或群体的报告文学 (2) 事件性报告文学:指以反映重大事件为中心,叙述现实生活中具有典型意义的社会事件的经过、原因和社会意义。如房树民、王石等的《为了六十一个阶级兄弟》,报道了1960年初山西省平陆县发生的民工中毒事件

续表

报告文学的分类	2. 按篇幅：长篇、中篇、短篇、微型报告文学等 3. 按性质：歌颂性、揭露性、问题型报告文学等 4. 按题材：工业报告文学、农业报告文学、军事报告文学、生态报告文学、历史题材报告文学等
纪实文学的分类	1. 纪实性较强的文体：纪实散文、回忆录、传记文学、报告文学、文学性强的通讯与调查报告 2. 有点虚构倾向和情感色彩的纪实类创作：**纪实小说、新新闻体小说、口述实录小说**等 3. 一切非虚构类的作品：略有文学色彩的新闻通讯和调查报告、有更多虚构成分但又有历史事实根据的文学创作。前者可能接近新闻文体，后者更接近纯文学创作

📕 **知识解读**

考生需掌握报告文学的分类和纪实文学的分类。

📕 **真题小练**

【单选题】

（2018 年 4 月全国）以下带有虚构倾向和情感色彩的纪实类创作是（　　　　）

A. 纪实散文　　　　　　　　B. 回忆录

C. 传记文学　　　　　　　　D. 新闻体小说

【答案】　D

【解析】　带有虚构倾向和情感色彩的纪实类创作有纪实小说、新新闻体小说、口述实录小说等。

📕 **牛刀小试**

【单选题】

下列作品属于事件性报告文学的是（　　　　）

A.《县委书记的好榜样——焦裕禄》　　B.《三门李轶闻》

C.《为了六十一个阶级兄弟》　　　　　D.《京华见闻录》

【答案】　C

【解析】　事件性报告文学是指以反映重大事件为中心，叙述现实生活中具有典型意义的社会事件的经过、原因和社会意义。如房树民、王石等的《为了六十一个阶级兄弟》，报道了1960 年初山西省平陆县发生的民工中毒事件。

第二节　报告文学和纪实文学的特征

本节主要介绍了报告文学的文体特征和纪实文学的美学特征。

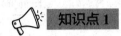

报告文学的文体特征☆

报告文学的文体特征	1. 新闻的功效 报告文学从文体意义上说,具有交叉性。它具有新闻文体的特征,是一种具有明显的社会功利性的文体。在社会文化传播中要发挥"文学轻骑兵"的作用 2. 文学的风格 从文学文体的角度上看,报告文学最早萌芽于新闻性的游记,最终脱胎于散文门类,成为独立的文学文体 3. 政论的色彩 报告文学的作者触及和探讨社会上受关注的真人真事

知识解读

考生着重掌握报告文学的文体特征,常考查判断分析题。

真题小练

【判断分析题】

(2015 年 10 月全国)报告文学不具备新闻的功效。

【答案】　×。从文体意义上说,报告文学具有交叉性。跟文学文体相比,它是一种具有明显的社会功利性的文体。报告文学不仅要及时地反映社会问题,报道现实生活中新近发生的有意义的真人真事,而且要敢于触及社会上的敏感地带,在社会文化传播中发挥"文学轻骑兵"的作用。

牛刀小试

【单选题】

下列不属于报告文学文体特征的是(　　　)

A. 文学的风格　　　　　　　　　B. 新闻的功效

C. 政论的色彩　　　　　　　　　D. 真切的抒情

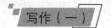

【答案】 D

【解析】 报告文学的文体特征：(1)新闻的功效；(2)文学的风格；(3)政论的色彩。

■ 纪实文学的美学特征☆

	1. 纪实性 忠实于生活中的真人真事是纪实文学的一个基本特征 2. 文学性 纪实文学的文学色彩比报告文学更浓厚 3. 论说性 纪实文学在对生活内容的表现上,具有较强的作家主体意识的渗透
纪实文学的美学特征	

■ 知识解读

考生着重掌握纪实文学的美学特征包括的具体内容,常考查选择题。

■ 真题小练

【单选题】

(2017 年 10 月全国)纪实文学的美学特征不包括(　　)

A. 纪实性　　　　　B. 文学性　　　　　C. 主体性　　　　　D. 论说性

【答案】 C

【解析】 纪实文学的美学特征：1.纪实性；2.文学性；3.论说性。

■ 牛刀小试

【单选题】

在对生活内容的表现上,具有较强的作家主体意识的渗透,这体现了纪实文学的(　　)

A. 时效性　　　　　B. 论说性　　　　　C. 文学性　　　　　D. 纪实性

【答案】 B

【解析】 纪实文学的美学特征之一是论说性,纪实文学在对生活内容的表现上,具有较强的作家主体意识的渗透。纪实性指忠实于生活中的真人真事,文学性指纪实文学的文学色彩比报告文学更浓厚。

第三节　报告文学的写作

本节主要介绍了报告文学的写作。

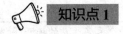

知识点 1

■ **加强自身的社会关怀与政论水平**☆

报告文学写作者的素质要求	需要有直面现实的勇气,敢于面对现实中的人和事进行客观的报道
	要有高度的政论水平和对问题的真知灼见
	要具有良好的文学修养和对现实问题的艺术处理能力

■ **知识解读**

考生需掌握报告文学写作者的素质要求,常考查选择题。

■ **牛刀小试**

【单选题】

下列不属于报告文学写作者的素质要求的是(　　)

A. 需要有直面现实的勇气,敢于面对现实中的人和事进行客观的报道

B. 要在哲学方面有一定的造诣,能看穿隐藏于表面情况下的本质

C. 要有高度的政论水平和对问题的真知灼见

D. 要具有良好的文学修养和对现实问题的艺术处理能力

【答案】　B

【解析】　报告文学写作者的素质要求:(1)需要有直面现实的勇气,敢于面对现实中的人和事进行客观的报道;(2)要有高度的政论水平和对问题的真知灼见;(3)要具有良好的文学修养和对现实问题的艺术处理能力。

知识点 2

■ **报告文学的写作程序**☆☆

报告文学写作的步骤与过程	1. 写作者要深入体验生活,收集写作材料 材料的收集途径与方法一般有两种: (1) 观察、调查 (2) 查阅 2. 写作者要对材料进行筛选、甄别和加工 实用文体的写作一般坚持两条原则: (1) 尽量采用第一手材料,准确核实间接材料 (2) 纵横兼顾,正反对比,点面结合 3. 写作者要掌握具体的撰写方式 包括标题、正文和结尾的写作规范
具体行文	1. 开头的方式 (1) 说明式:把报道的对象简要交代清楚,或首先交代作者的写作动机,是最常见的实用文体式的开头方式 (2) 叙述式:将事件的高潮或结局事先讲述出来,增加阅读的效果

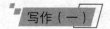

续表

具体行文	（3）描写式：描绘一个真实生动的场面，带给读者以强烈的现实感 （4）议论式：通过对事件或人物的评论，首先揭示出报道对象的重大意义 （5）提问式：把报道中所要反映的问题以设问的方式提出来，引起读者的注意 （6）数据摘要式：将最重要的数字摘录下来，突出事件的结果或意义 2. 报告文学的结构方式 （1）历时性结构：指按照事件的发生、发展、结局的时间顺序，或按事件发展的因果逻辑来展开 （2）共时性结构：指围绕一个主题，同时报道几个人物，或几件事情，根据人物或事件之间的逻辑关系来安排行文的结构方式 （3）时空交错式结构：指在报道复杂的事件状况或丰富的人物阅历时，在历时性的线索中时常穿插共时性的事件，从多方面多角度来表现报告的主题

知识解读

考生需着重掌握报告文学的结构方式。

真题小练

【单选题】

1.（2014 年 4 月全国）下列不属于报告文学常见的结构的是（　　）

A. 历时性结构　　　　　　　　B. 复调式结构

C. 共时性结构　　　　　　　　D. 时空交错式结构

【答案】　B

【解析】　报告文学的结构方式：（1）历时性结构；（2）共时性结构；（3）时空交错式结构。

2.（2017 年 4 月全国）报告文学作品中，在报道复杂的事件状况或丰富的人物阅历时，在历时性的线索中时常穿插共时性的事件，从多方面多角度来表现报告主题的结构方式是（　　）

A. 历时性结构　　　　　　　　B. 共时性结构

C. 时空交错式结构　　　　　　D. 因果性结构

【答案】　C

【解析】　时空交错式结构：指在报道复杂的事件状况或丰富的人物阅历时，在历时性的线索中时常穿插共时性的事件，从多方面多角度来表现报告的主题。

牛刀小试

【单选题】

1. 围绕一个主题，同时报道几个人物，或几件事情，根据人物或事件之间的逻辑关系来安排行文的结构方式是（　　）

A. 递进式结构　　　　　　　　B. 共时性结构

C. 时空交错式结构　　　　　　D. 历时性结构

【答案】　B

【解析】　共时性结构：指围绕一个主题,同时报道几个人物,或几件事情,根据人物或事件之间的逻辑关系来安排行文的结构方式。

2. 在所有的实用文体式的开头方式中,最为常见的是(　　)

A. 说明式　　　　　B. 叙述式　　　　　C. 议论式　　　　　D. 提问式

【答案】　A

【解析】　说明式指把报道的对象简要交代清楚,鲜明扼要地亮出报道的主题,或首先交代作者的写作动机,它是最常见的实用文体式的开头方式。

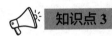 知识点3

多重文学手法的运用☆

除了不能过于虚构,报告文学的写法非常自由。

(1) 可以将叙事、写人、状物、抒情和议论融为一体。

(2) 可以充分借鉴小说的叙述技巧、电影镜头的蒙太奇组接等。

(3) 可以运用诗歌的表现方式,增加文章的阅读性和感染力。如徐迟的《哥德巴赫猜想》充满诗的语言和节奏。

知识解读

考生了解多重文学手法的运用的内容即可,常考查选择题。

牛刀小试

【单选题】

徐迟的《哥德巴赫猜想》本是一篇报告文学,但运用的表现形式为(　　)

A. 散文　　　　　B. 诗歌　　　　　C. 小说　　　　　D. 戏剧

【答案】　B

【解析】　报告文学可以运用诗歌的表现形式,增加文章的阅读性和感染力。如徐迟的《哥德巴赫猜想》,作品充满诗的语言和节奏,作家充分运用了诗的想象和意境,展示其对笔下人物的赞美之情。

第十五章 学术思考与学术写作

本 章 思 维 导 图

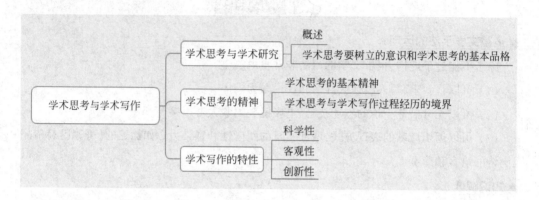

第一节　学术思考与学术研究

本节主要介绍学术思考要树立的意识以及学术思考的基本品格。

概述☆

1. 学术,是指某个知识领域系统、专门的学问。

2. 学术思考是人们对各类事物或考察对象上升到具有普遍意义的知识、理论和规律层面的思考与探索。

3. 学术研究不仅包含着学术思考,还包括为发现事物的规律或建构科学理论而进行的资料收集、调查统计、科学实验或验证研究成果的试验等实践活动。

知识解读

了解学术及学术思考的相关概述即可。

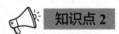

学术思考要树立的意识和学术思考的基本品格☆

学术思考要树立的意识	**1. 问题意识** 发现问题、提出问题,对学术思考很重要 **2. 事实意识** (1) 最基本的态度和功夫 (2) 学术思考是从基本事实开始的认真、细致的思维活动,必须从事实出发,必须充分尊重事实,通过深入细致的调查分析,得出结论
学术思考的基本品格	学术思考的基本品格大致可以用八字概括:**好奇**、**脱俗**、**求真**、**务实** (1) 好奇:是学术研究的主要动因,也是学术思考的重要品格 (2) 脱俗:即超脱世俗的功利动机,是学术研究的另一重要动因,也是学术思考的重要品格 (3) 求真:即探求真理,既是学术研究和学术思考的动因,也是其最终目的,同时也是学术思考的重要品格 (4) 务实:即讲求实际、实事求是,是学术思考的重要品格,也是学术思考求真的结果

知识解读

考生着重掌握问题意识和事实意识以及学术思考的基本品格,常考查选择题。

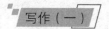

■ **真题小练**

【单选题】

（2016年10月全国）从事实出发，充分尊重事实，通过深入细致的调查分析，得出结论，属于学术思考的（　　）

A. 问题意识　　　　B. 客观意识　　　　C. 好奇意识　　　　D. 事实意识

【答案】　D

【解析】　事实意识：学术思考是从基本事实开始的认真、细致的思维活动，必须从事实出发，必须充分尊重事实，通过深入细致的调查分析，得出结论。这是学术研究者最基本的态度和功夫。

■ **牛刀小试**

【单选题】

学术思考的目的在于求真，这就必须在进行思考时始终秉持（　　）

A. 创新精神　　　　B. 好奇精神　　　　C. 务实精神　　　　D. 专注精神

【答案】　C

【解析】　务实，即讲求实际、实事求是，是学术思考的重要品格，也是学术思考求真的结果，学术思考的目的在于求真，这就必须在进行思考时始终秉持务实精神，拒绝空谈，排斥虚妄。

第二节　学术思考的精神

本节主要介绍了学术思考的基本精神和学术思考与学术写作过程经历的三个境界。

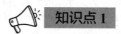

■ **学术思考的基本精神☆**

学术思考的基本精神	1. 严谨——对于所涉及的事实要核对清楚，真实可靠
	2. 专注——学术研究需要研究者长期关注于所研究的对象
	3. 理性——进行学术思考时，应该头脑客观冷静，不受主观因素影响，不情绪化
	4. 大胆——发现新问题，提出新观点，常质疑潮流，挑战权威，有时甚至要冒生命危险

■ **知识解读**

严谨、专注、理性、大胆，是人类美好的道德品质，也是学术思考的基本精神，常考查选择题。

牛刀小试

【单选题】

在进行学术写作时,提出观点,质疑谬误,要言之有据,这体现了学术思考的(　　)

A. 严谨　　　　　　B. 专注　　　　　　C. 理性　　　　　　D. 大胆

【答案】　A

【解析】　在进行学术思考及学术写作时,一定要坚持严谨精神。对于所涉及的事实要核对清楚、真实可靠。各种引文要准确无误。

学术思考与学术写作过程经历的境界☆

学术思考与学术写作过程经历的境界	王国维《人间词话》写到: (1) 第一境:初始阶段,困难重重,正所谓"昨夜西风凋碧树" (2) 第二境:攻坚阶段,最是考验人的精神毅力,稍有懈怠就会前功尽弃,因此要坚定执着,不言放弃,即所谓"衣带渐宽终不悔,为伊消得人憔悴" (3) 第三境:最后阶段,往往是经过不断的努力而在不经意中偶然得之的,即所谓"众里寻他千百度,蓦然回首,那人却在,灯火阑珊处"

知识解读

了解学术思考与学术写作过程经历的三个境界即可。

第三节　学术写作的特性

本节主要介绍了学术写作的特性的内容。

学术写作的特性☆

学术写作的特性	1. 科学性 学术写作的科学性是由学术研究的任务和目的决定的,科学性是学术写作的灵魂 2. 客观性 要想学术写作的结论符合事实,就要保证文章论据是可靠、充足和典型的 3. 创新性 学术研究贵在创新,发现新问题,探索新领域,提出新观点,是学术研究与学术写作的生命

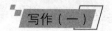

■真题小练

【单选题】

1. (2017年10月全国)学术写作的特性不包括(   )

　　A. 科学性　　　　　　B. 实践性　　　　　　C. 客观性　　　　　　D. 创新性

【答案】　B

【解析】　学术写作的特性：(1)科学性；(2)客观性；(3)创新性。

【判断分析题】

2. (2017年10月全国)发现新问题,探索新领域,提出新观点,是学术研究和学术写作的生命。

【答案】　√。学术研究贵在创新。学术写作的创新性通常表现为"创建新说",即在自己研究的课题范围内,发现前人未曾发现的问题,经过研究探索,提出新看法、新观点。发现新问题,探索新领域,提出新观点,是学术研究与学术写作的生命。

第十六章 文学评论

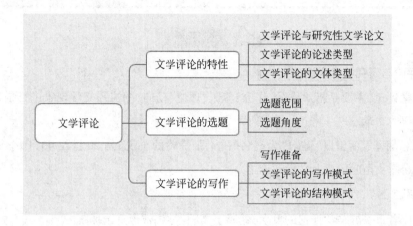

第一节 文学评论的特性

本 节 内 容 提 要

本节主要介绍了文学评论与研究性文学论文、文学评论的论述类型和文体类型。

知识点 1

■ **文学评论与研究性文学论文** ☆☆☆

1. 文学评论，主要是指对作品、作家、流派、理论、动向、潮流等文学现象进行描述、解释、评价和批评的文章。

2. 著名翻译家傅雷以"迅雨"为笔名的《论张爱玲的小说》是 20 世纪 40 年代，张爱玲小说在文坛崭露头角时的重要文学评论之一。

■ **知识解读**

考生应着重掌握文学评论的概念，这属于高频考点，常考查选择题。

■ **真题小练**

【单选题】

1.（2018 年 4 月全国）对作品、作家、流派、理论、动向、潮流等文学现象进行描述、解释、评价和批评的文体是（　　）

    A. 消息   B. 散文

    C. 报告文学   D. 文学评论

【答案】 D

【解析】 文学评论主要是指对作品、作家、流派、理论、动向、潮流等文学现象进行描述、解释、评价和批评的文章。

2.（2016 年 10 月全国）傅雷《论张爱玲的小说》是（　　）

    A. 学术论文   B. 报告文学

    C. 文学评论   D. 人物通讯

【答案】 C

【解析】 著名翻译家傅雷以"迅雨"为笔名的《论张爱玲的小说》是 20 世纪 40 年代，张爱玲小说在文坛崭露头角时的重要文学评论之一。

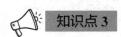 知识点 2

文学评论的论述类型☆

文学评论的论述类型	1. **作品论**着重对文学作品的分析阐释 2. **作家论**侧重对某位作家的分析评价,如迅雨(傅雷)的《论张爱玲的小说》 3. **文学现象论**主要指对于新流派、新动向、新趋势或热点争鸣问题等的分析评论

知识解读

考生着重掌握文学评论的论述类型,主要包括作品论、作家论、文学现象论,常考查选择题。

真题小练

【单选题】

(2016 年 10 月全国)文学评论中,对于新流派、新动向、新趋势或热点争鸣问题等的分析评论是(　　)

A. 作品论 　　　　　　　　 B. 文学现象论

C. 作家论 　　　　　　　　 D. 读者论

【答案】　B

【解析】　文学评论的论述类型主要包括:(1)作品论,着重对文学作品的分析阐释;(2)作家论,侧重对某位作家的分析评价;(3)文学现象论,主要指对于新流派、新动向、新趋势或热点争鸣问题等的分析评论。

知识点 3

文学评论的文体类型☆☆☆

文学评论的文体类型包括:论文体文学评论和随笔体文学评论。

论文体文学评论	论文体文学评论是最为常见、使用最广泛的一种批评文体
随笔体文学评论	随笔体文学评论包括随笔、序跋、书评、书信、对话等 (1) 随笔是报刊中最常见的一种文学评论文体。形式最自由,用笔最灵活,常借助掌故、趣闻展开分析议论,常用比喻、象征等修辞手法,取事似小而寓意丰富,能对文学现象作出迅速反应,敏捷而尖锐,深受读者欢迎 (2) 序跋是附于书前或书后,向读者介绍该书的内容、特点,评价其价值的文章 (3) 书评主要内容是对某书的评介

知识解读

考生着重掌握文学评论的文体类型,包括论文体文学评论和随笔体文学评论以及具体内容,属于高频考点,常考查选择题。

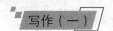

■ 真题小练

【单选题】

1. (2015年10月全国)随笔体文学评论不包含( )

    A. 随笔   B. 序跋   C. 特写   D. 书评

【答案】 C

【解析】 随笔体文学评论包括随笔、序跋、书评、书信、对话等。

2. (2017年10月全国)作为报刊中最常见的一种评论文体,形式最自由,用笔最灵活,常借助掌故、趣闻展开理论分析的文学评论文体是( )

    A. 随笔   B. 序跋   C. 特写   D. 书评

【答案】 A

【解析】 随笔是报刊中最常见的一种文学评论文体。形式最自由,用笔最灵活,常借助掌故、趣闻展开分析议论,常用比喻、象征等修辞手法,取事似小而寓意丰富,能对文学现象做出迅速反应,敏捷而尖锐,深受读者欢迎。

第二节　文学评论的选题

 本 节 内 容 提 要

> 本节主要介绍了文学评论的选题范围和角度。

 知识点 1

■ 选题范围☆

选题范围	1. 新文学现象:新作品、新作家、新流派、新理论、新动向及新潮流,尤其是具有突破性、创新性的文学现象,是文学评论最常关注的论题 2. 热点文学问题:常是具有争议的问题,需要评论者撰写文章加以说明,表明观点,经过讨论,厘清认识 3. 重要的有代表性的作家作品:内涵丰富,评论者、研究者有必要对其多加关注,持续分析 4. 对文学创作的归纳总结:对某一时期的文学创作情况加以归纳总结,指出其特点和规律,肯定成就,发现问题,展望未来,是文学评论常见的选题

■ 知识解读

考生需掌握文学评论常见的选题范围,常考查选择题。

真题小练

【单选题】

(2014年4月全国)下列选项中,不属于文学评论常见的选题范围的是(　　)

A. 新作品、新作家、新流派、新理论、新动向及新潮流等

B. 热点文学问题和重要的作家作品

C. 文坛动态和作家生活状态

D. 文学创作的归纳总结

【答案】　C

【解析】　文学评论常见的选题范围是:(1)新文学现象。新作品、新作家、新流派、新理论、新动向及新潮流,尤其是具有突破性、创新性的文学现象,是文学评论最常关注的论题。(2)热点文学问题。(3)重要的有代表性的作家作品。(4)对文学创作的归纳总结。

选题角度☆

文本意蕴、人物形象、叙事方式、语言文体、审美风格等作品元素,都可作为文章的叙述角度。作家、作品的突出特色、未被前人论及的问题,更是文学评论常见的选题角度。

知识解读

此知识点历年考查次数较少,考生简单了解即可。

第三节　文学评论的写作

本节主要介绍了文学评论的写作准备、写作模式和结构模式。

写作准备☆☆

熟悉评论对象	了解、熟悉评论对象,全面掌握所要评论的文学现象的全貌,是文学评论写作前的一项重要的准备工作。文学评论的写作者要对所评论的作品反复研究、深入了解、烂熟于心,这样才可能对评论对象做出准确恰当的评判

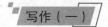

续表

广泛收集材料	1. **撰写作品论前**,要注意收集作品作者的情况、作品创作背景、相关社会文化背景以及有关评价等 2. **撰写作家论前**,要注意收集所写作家的各种情况 3. **撰写现象论前**,要注意收集与该文学现象相关的各种信息
选择批评方法	1. 社会历史批评 中国古代孟子强调文学评论要"知人论世",即在评论时既要了解作家,又要了解作品产生的社会历史 2. 审美批评 (1) 首先,审美批评是一种情感批评 (2) 其次,审美批评是一种出世批评 (3) 最后,审美批评是一种直觉批评

知识解读

考生需掌握写作准备的具体内容,常考查选择题。

真题小练

【单选题】

(2016 年 4 月全国)文学评论的写作者要对所评论的作品做出准确恰当的评判,需要深入了解和(   )

A. 认真考察　　　B. 反复研读　　　C. 广泛搜集　　　D. 析赏结合

【答案】　B

【解析】　文学评论的写作者要对所评论的作品反复研读、深入了解、烂熟于心,这样才可能对评论对象做出准确恰当的评判。

 知识点 2

文学评论的写作模式☆

文学评论的写作模式	1. 叙议结合 叙,指叙述,即对作品作家的介绍;议,指议论,即对作品作家的阐释。叙述是议论的基础,议论是叙述的深化,将叙议有机结合,便能产生好的文学评论 2. 析赏结合 析,指分析;赏,指鉴赏。析赏结合与叙议结合的主要差别在于一个是"叙",一个是"赏","叙"更侧重介绍描述,"赏"更侧重感悟想象 3. 情理结合 情,指情感,即文学评论文章中情感的抒发与宣泄;理,指理论,即文学评论文章中理论方法的巧妙运用

知识解读

考生掌握文学评论写作模式的内容即可,一般会以阅读下面的微型小说,任意选取一个角度,写一篇评论的形式来考查,常考查文字题和选择题。

牛刀小试

【单选题】

1. 文学评论主要是指对作品、作家、流派、理论、动向、潮流等文学现象进行描述、解释、评价和批评的文章,其写作模式不包括(　　)

A. 详略结合　　　　B. 叙议结合　　　　C. 析赏结合　　　　D. 情理结合

【答案】　A

【解析】　文学评论的写作模式有叙议结合、析赏结合、情理结合三种,不包括详略结合。此题为选非题,故答案为 A。

2. 析赏结合与叙议结合的主要差别在于一个是"叙",一个是"赏","叙"更侧重介绍(　　)

A. 抒情　　　　　　B. 议论　　　　　　C. 描述　　　　　　D. 感悟

【答案】　C

【解析】　析赏结合与叙议结合很相似,其主要差别在于一个是"叙",一个是"赏","叙"更侧重介绍描述,"赏"更侧重感悟想象。

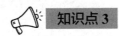

文学评论的结构模式☆

文学评论的结构模式	1. 并列式 主要论点论据,按顺序排列,从不同角度阐述问题,有时可能是大并列里套着小并列,这种叙述模式条理简明清晰,最为常见 2. 对比式 指在与其他作品的对比中,分析所要论述的作品的特点 3. 递进式 递进式的论述内容,段落之间层层递进,环环相扣,思路清晰,论辩透彻 4. 复合式 文学评论中间部分的撰写,常会出现几种叙述模式的复合使用。有时是并列法与对比法的复合使用,如李健吾评论沈从文的《边城》一文的中间部分,大结构是用并列法,小结构采用对比法

知识解读

考生需掌握文学评论的结构模式,常考查选择题。

牛刀小试

【单选题】

文学评论中间部分的撰写,有时会出现几种叙述模式复合使用的情况,例如,李健吾的文学评论的文章《边城》就是(　　)

A. 并列法与对比法的复合使用　　　　B. 递进法与对比法的复合使用

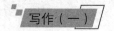

C. 对比法与复合法的复合使用　　　　D. 并列法与递进法的复合使用

【答案】　A

【解析】　文学评论中间部分的撰写,常会出现几种叙述模式的复合使用。有时是并列法与对比法的复合使用,如李健吾的文章《边城》的中间部分,大结构是用并列法,小结构采用对比法。

第十七章 学术论文

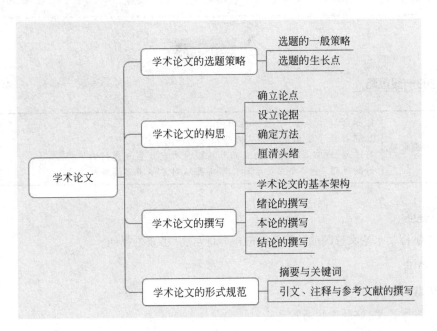

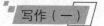

第一节　学术论文的选题策略

 本 节 内 容 提 要

> 本节主要介绍了学术论文选题的一般策略和选题生长点。

 知识点 1

■ 选题的一般策略☆

选题的一般策略	1. 选择具体而微、有独创性的问题 2. 选择从事实出发而非从概念出发的问题 好选题,通常是从事实出发而非从概念出发或主题先行的 好的选题,一定要立足于具体事实并从对具体事实的观察出发

■ 知识解读

考生掌握学术论文选题的一般策略的内容即可,常考查选择题。

■ 牛刀小试

【单选题】

对于学术论文,好的选题通常是从(　　　)。

A. 主题出发　　　　B. 事实出发　　　　C. 概念出发　　　　D. 想象出发

【答案】　B

【解析】　好选题,通常是从事实出发而非从概念出发或主题先行的。王力先生在谈论文写作时说过:"凡是先立结论、然后去找例证,往往都靠不住。因为你往往是主观的,找一些为你所用的例证,不为你所用就不要,那自然就错了。"

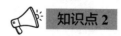 知识点 2

■ 选题的生长点☆

选题的生长点	1. 填补空白 前人鲜有涉及或从未涉及的问题。学术意义和创新机会较大,研究写作难度较大 2. 对前人研究的完善发展 ① 常以更全面翔实的材料,更细腻完善的方法,在前人基础上将研究引向纵深 ② 以新视角、新方法,让老课题焕发新光彩

续表

选题的生长点	③ 常以新视点令老话题耳目一新
	3. 质疑颠覆
	指对原有学术观点,甚至是权威认识的质疑反思,甚至是否定颠覆
	4. 分歧争议
	选择这类选题需要把各种不同意见搜集起来,加以分析鉴别,找出分歧的实质或焦点,采用新材料、新视角,科学地反驳与扬弃偏颇意见,建立自己的观点,推进研究
	5. 综合归纳
	综合归纳前人研究成果的综述类文章,也是很常见的一类学术论文。综述有助于梳理对某问题的研究情况,为进一步研究奠定基础

■ 知识解读

考生需掌握学术论文选题常见的思考向度和切入点,包括：填补空白、对前人研究的完善发展、质疑颠覆、分歧争议和综合归纳,常考查选择题。

■ 牛刀小试

【单选题】

学术论文选题的思考向度和切入点中,特点是"前人涉猎较少,可供参考的材料不多,研究写作的难度一般比较大"的是(　　)

A. 填补空白　　　　　　　　　　B. 质疑颠覆

C. 分歧争议　　　　　　　　　　D. 对前人研究的完善发展

【答案】　A

【解析】　填补空白,这是指前人鲜有涉及或从未涉及的问题。这类选题学术意义和创新机会都比较大,但是由于前人涉猎较少,可供参考的材料不多,研究写作的难度一般比较大。

第二节　学术论文的构思

本节主要介绍了学术论文的构思。

学术论文的构思☆

	1. 确立论点
学术论文的构思	论点是学术论文的核心和灵魂,是决定论文学术质量的最重要指标。提炼论点要实事求是,遵循科学态度,不要主观预设,不要从既定的理论框架出发,要通过对大量材料的深入分析研究,用科学的理论方法,进行"去粗取精,去伪存真,由此及彼,由表及里"的加工
	2. 设立论据
	合理论据的标准是可靠、充足和典型。不同学科的研究、不同论文的撰写,常会使用不同类型的论据
	3. 确定方法
	研究语言文学现象,撰写相关学术论文,要依据一定的理论方法。不同的理论方法会产生不同的研究成果
	4. 厘清头绪
	要讲究文章的逻辑性,文章各个段落之间要有逻辑联系,有过渡性的论述衔接前后内容。在厘清思路的同时,可采用一种易于操作的办法:在文章中注意突出核心概念的位置

知识解读

考生需掌握学术论文的构思包括哪些环节,常考查选择题。

牛刀小试

【单选题】

学术论文的构思环节不包括( )

A. 确立论点　　　B. 设立论据　　　C. 确定方法　　　D. 确定情感基调

【答案】　D

【解析】　学术论文的构思环节:确立论点、设立论据、确定方法、厘清头绪,不包括选项 D。

第三节　学术论文的撰写

本节主要介绍了学术论文的基本架构以及绪论、本论、结论的撰写。

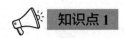 知识点 1

学术论文的基本架构 ☆☆☆

学术论文的本体一般由标题、摘要、关键词、文章正文及注释、参考文献六部分构成。文章正文是学术论文的主体,通常由绪论、本论、结论三部分构成。

知识解读

考生掌握学术论文的本体及主体的构成即可,常考查选择题。

真题小练

【单选题】

1.(2011年7月全国)下列内容不属于学术论文的正文的基本结构的是(   )

A.绪论 　　　　　 B.本论 　　　　　 C.评论 　　　　　 D.结论

【答案】 C

【解析】 文章正文是学术论文的主体,通常由绪论、本论、结论三部分构成。

2.(2014年4月全国)关于学术论文的主要构成部分,列举正确的是(   )

A.标题、摘要、论文编号、正文、注释、参考文献六部分

B.标题、绪论、关键词、正文、注释、参考文献六部分

C.标题、摘要、绪论、本论、结论、参考文献六部分

D.标题、摘要、关键词、正文、注释、参考文献六部分

【答案】 D

【解析】 学术论文的本体一般由标题、摘要、关键词、文章正文及注释、参考文献六部分构成。

 知识点 2

绪论的撰写 ☆☆☆

绪论的内容	1. 绪论,也可写作"引言",是对论文研究对象高屋建瓴的简要概括,其主要功能是**提出论题** 2. 普通论文绪论的内容主要涉及以下五个方面:点明文章主旨,交代写作动机,介绍研究方法,说明研究背景,界定研究对象。故绪论是主要用以说明研究动机、目的和意义的部分 3. 篇幅较长的学位论文,绪论一般会作为独立的章节,其内容除上述五个方面外,还需包括对本论题研究现状和研究资料较为系统的分析综述
绪论的表达模式	1. 首句扣题 绪论的第一句,往往紧扣标题中体现全文核心内容的关键词,常将标题关键词作为主语表达。这样入题快,凸显文章主旨,文意显豁,逻辑性强 2. 高屋建瓴 即从一个大的构架开始,逐渐论述到一个相对小的具体问题,包括叙述从大到小,从远到近,从虚到实,从抽象到具体,从理论到实际等,显得居高临下,很有气势和说服力

续表

绪论的表达模式	3. 开端话题 即绪论常常不直接说明论文主旨,而是选取一个有趣话题作为切入点,渐渐将读者引入正文 4. 开端引用 即在绪论起始引用有关语句。文学类论文常用此法,即在开端引用所讨论作家作品的代表性话语,以此作为论据,推动论点阐述

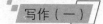 **知识解读**

考生需掌握绪论的内容,了解绪论的表达模式,常考查选择题。

真题小练

【单选题】

1. (2017年10月全国)论文中对研究对象进行高屋建瓴地简要概括,提出论题的部分是(   )

   A. 本论   B. 绪论   C. 结论   D. 论据

【答案】 B

【解析】 绪论,也可写作"引言"等,是对论文研究对象高屋建瓴的简要概括,其主要功能是提出论题。

2. (2008年4月全国)学术论文写作中,主要用以说明研究动机、目的和意义的部分,一般称作(   )

   A. 标题   B. 本论   C. 绪论   D. 结论

【答案】 C

【解析】 普通论文绪论的内容主要涉及以下五个方面:点明文章主旨,交代写作动机,介绍研究方法,说明研究背景,界定研究对象。故绪论是主要用以说明研究动机、目的和意义的部分。

3. (2014年10月全国)关于绪论的撰写,下列表述错误的是(   )

   A. 绪论是对论文研究对象高屋建瓴的简要概括,其主要功能是提出论题

   B. 绪论通常采用递进式,一步步将论文所研究讨论的结果阐明出来

   C. 绪论的内容主要涉及的方面有:点明文章主旨,交代写作动机,介绍研究方法等

   D. 绪论的内容还可以涉及的方面有:说明研究背景,界定研究对象等

【答案】 B

【解析】 绪论,也可写作"引言"等,是对论文研究对象高屋建瓴的简要概括,其主要功能是提出论题。故A项表述正确。普通论文绪论的内容主要涉及以下五个方面:点明文章主旨,交代写作动机,介绍研究方法,说明研究背景,界定研究对象。故C、D项表述正确。绪论通常开门见山,直接引出论文所研究讨论的主要问题。故B项表述错误。

 知识点 3

本论的撰写☆☆

本论,包括论文的主要内容、核心概念,中心论点和分论点以及各种论据、分析论证过程等,是文章的主干,所占篇幅最多。学术论文本论最常见的论述模式有并列式和递进式两种。

并列式	即文章各部分或各个分论点分论据,按语义逻辑顺序排列,有时可能是大并列里套着小并列或其他结构,从不同角度阐述问题,论证中心论点。这种叙述模式思路简明,条理清晰,最为常见
递进式	即叙述内容常存在一层比一层深入的递进关系,或从浅到深,或从远及近,或由小到大,或由表及里,层层递进,环环相扣。采用递进式论述,条理清晰,论辩透彻

知识解读

考生需掌握学术论文本论最常见的论述模式以及它们的含义,常考查选择题。

真题小练

【单选题】

(2013 年 4 月全国)学术论文本论的展开形式主要有两种:一种是并列式,还有一种是(   )

A. 时空正常式　　　B. 夹叙夹议式　　　C. 递进式　　　D. 时空异常式

【答案】　C

【解析】　学术论文本论,包括论文的主要内容、核心概念,中心论点和分论点以及各种论据、分析论证过程等,是文章的主干,所占篇幅最多。学术论文本论最常见的论述模式有并列式和递进式两种。

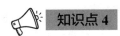 知识点 4

结论的撰写☆

结论,也可写作"结语"等,一般不可太长。最常见的结论由单自然段或多自然段构成。有时也可由单独列为文章末节的段落构成。结论通常包括以下几方面内容:

(1) 总结概括全文的基本论点。

(2) 指出需要补充说明的某些问题。

(3) 指出有待进一步探讨的问题。

知识解读

考生需掌握结论通常包括的内容,常考查选择题。

牛刀小试

【单选题】

下列不属于结论的内容是(   )

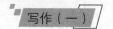

A. 总结概括全文的基本论点　　　　B. 指出需要补充说明的某些问题

C. 指出有待进一步探讨的问题　　　D. 指出探讨的问题的当代社会意义

【答案】　D

【解析】　结论的内容:(1)总结概括全文的基本论点;(2)指出需要补充说明的某些问题;(3)指出有待进一步探讨的问题。

第四节　学术论文的形式规范

　　本节主要介绍了摘要与关键词的撰写以及引文、注释与参考文献的撰写的具体方法和要求。

■ 摘要与关键词☆

摘要的撰写	1. 摘要的概念 摘要,顾名思义就是摘录文章的要点。摘要主要应说明论文的研究对象、研究方法、基本思路和最终结论 2. 摘要的要求、特点 摘要是论文内容的高度概括和简要陈述,具有独立性,不阅读论文的全文就能获得必要信息。摘要应是一篇相对完整的短文,可以独立使用或引用。摘要应包含论文的主要信息,供读者确定有无必要阅读全文,也可供数据库检索引用 3. 摘要写作的要点 字数上,中文摘要一般不宜超过 200~300 字;外文摘要不宜超过 250 个实词
关键词的撰写	1. 关键词的概念 关键词是为了标引文献从论文中提取出来用以表示全文主题内容信息的单词或术语 2. 关键词的功能 关键词最主要的功能是为文献检索、归类提供便利,因此一定要有明确的指向性,通常是选取最能代表论文讨论对象范围、基本内容和方法的词语

■ 知识解读

　　此知识点属于高频考点,考生需了解关键词的撰写,常考查选择题。

真题小练

【单选题】

(2018年4月全国)对论文内容进行高度概括和简要陈述,包含论文主要信息的部分被称为( )

A. 关键词　　　　B. 摘要　　　　C. 注释　　　　D. 参考文献

【答案】 B

【解析】 摘要是论文内容的高度概括和简要陈述,具有独立性,不阅读论文的全文就能获得必要信息。因此,摘要应是一篇相对完整的短文,可以独立使用或被引用。摘要应包含论文的主要信息,供读者确定有无必要阅读全文,也可供数据库检索引用。

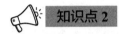

引文、注释与参考文献的撰写☆

引文的撰写	1. 引文的撰写要求 引文多是引用其他文献资料或他人观点,以论证本人论文论点的文字 2. 引文撰写的格式 (1) 直接引用引文要用引号,并在注释中注明出处,也可单独成段、用不同的字体加以标明,还可融在作者论文语句中间 (2) 间接引用,不直接引用原话,常是作者对原话加以重述,不必使用引号标出,但要在注释中加以说明
注释的撰写	1. 注释,也作"附注"。注释用序号排列。正文中序号标于注释项后边右上角。注释内容按序号附于页脚或文后。页脚下注释,可省略"注释"或"附注"的字样,每页单独排序。文后注释,"注释"或"附注"的字样可用也可不用 2. 注释的分类 (1) 引文注释:最常见的注释类型,其功能是注明论文引文资料的出处 (2) 补充注释:有一些需要补充说明的内容,由于正文不便容纳,便在注释中记述
参考文献的撰写	1. 参考文献是指为撰写论文而引用的有关文献信息资源。参考文献的位置一般在全文最后 2. 有关参考文献撰写格式,国家标准《文后参考文献著录规则》有如下明文规定: (1) 专著著录格式(出版的书籍) 主要责任者. 题名:其他题名信息[文献类型标志]. 其他责任者. 版本项. 出版地:出版者,出版年:引文页码. 例如:余敏. 出版集团研究[M]. 北京:中国书籍出版社,2001:179-193. (2) 专著中的析出文献著录格式 析出文献主要责任者. 析出文献题名[文献类型标志]. 析出文献其他责任者//专著主要责任者. 专著题名:其他题名信息. 版本项. 出版地:出版者,出版年:析出文献的页码. 例如:马克思. 关于《工资、价格和利润》的报告札记[M]//马克思,恩格斯. 马克思恩格斯全集:第44卷. 北京:人民出版社,1982:505. (3) 连续出版物著录格式 主要责任者. 题名:其他题名信息[文献类型标志]. 年,卷(期)—年,卷(期). 出版地:出版者,出版年.

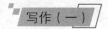

续表

参考文献的撰写	例如：中国图书馆学会.图书馆学通讯[J].1957(1)—1990(4).北京：北京图书馆,1957—1990. (4)连续出版物中的析出文献著录格式(刊物、杂志) 析出文献主要责任者.析出文献题名[文献类型标志].连续出版物题名：其他题名信息,年,卷(期)：页码. 例如：李晓东,张庆红,叶瑾琳.气候学研究的若干理论问题[J].北京大学学报：自然科学版,1999.35(1)：101-106. (5)文献类型和标志代码 普通图书 M、会议录 C、汇编 G、报纸 N、期刊 J、学位论文 D、报告 R、标准 S、专利 P、数据库 DB、计算机程序 CP、电子报告 EB

知识解读

考生需了解引文、注释与参考文献的撰写要求,着重掌握注释的分类以及参考文献的概念,常考查选择题。

真题小练

【单选题】

1.(2016年4月全国)学术论文的注释主要有引文注释和(　　　)

　　A. 文中注释　　　　　B. 文末注释　　　　　C. 补充注释　　　　　D. 页脚注释

【答案】　C

【解析】　注释的分类：(1)引文注释；(2)补充注释。

2.(2015年10月全国)为撰写论文而引用的有关文献信息资源,位于论文最后部分的称为(　　　)

　　A. 摘要　　　　　　　B. 关键词　　　　　　C. 夹注　　　　　　　D. 参考文献

【答案】　D

【解析】　参考文献是指为撰写论文而引用的有关文献信息资源,参考文献的位置一般在全文最后。

第十八章 实用写作综论

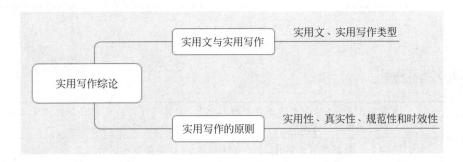

第一节　实用文与实用写作

 本节内容提要

本节主要介绍了实用文的概念、实用写作的类型。

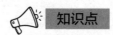 知识点

■ **实用文与实用写作** ☆

实用文的概念	实用文是"工作和生活中实用的文章"。实用写作是为处理社会生活及日常工作中的具体事务或传递某种社会信息而进行的一种写作活动
实用写作的类型	（1）新闻类实用文写作，主要包括消息、通讯等常见文体的写作 （2）机关公文写作，涉及的是党政机关常用法定公文的写作，包括决议、决定、命令（令）、公报、公告、通告、意见、通知、通报、报告、请示、批复、议案、函、纪要等文体 （3）日常事务文书写作，包括计划、总结、调查报告、告启类文书等

■ **知识解读**

考生需掌握实用写作的类型，了解实用文的概念即可，常考查选择题。

第二节　实用写作的原则

 本节内容提要

本节主要介绍了实用写作的原则，包括实用性原则、真实性原则、规范性原则和时效性原则。

 知识点

■ **实用写作的原则** ☆ ☆

实用文的写作过程中，应遵循以下原则：

实用性原则	(1) 实用写作应缘事而发,根据现实的需要开展写作活动 (2) 行文务必直截了当,切忌繁复 (3) 沿用惯用格式,形式创新需谨慎
真实性原则	实用写作讲究客观真实,任何来自现实的事实,包括时间、地点、人物、事件以及资料、数据等,都必须有根有据,精确无误
规范性原则	(1) 文体选用的规范性:指的是正确使用不同的实用文体 (2) 文章体例的规范性:文章的体例指的是文章的组织形式 (3) 语言运用的规范性:实用写作的语言应当做到准确、简明、平实、得体
时效性原则	(1) 写作的及时性。一篇实用文务必在特定的时间范围内及时完成 (2) 处理好效用的特定性与时代发展的关系

知识解读

考生需着重掌握实用写作的原则以及具体内容,常考查选择题。

真题小练

【单选题】

1.(2017年10月全国)实用文的写作原则不包括(　　)

　A. 综合性　　　　B. 真实性　　　　C. 实用性　　　　D. 规范性

【答案】　A

【解析】　实用文的写作的原则:①实用性原则;②真实性原则;③规范性原则;④时效性原则。

2.(2015年10月全国)一篇实用文务必在特定的时间范围内及时完成,这要求实用文写作应遵循(　　)

　A. 实用性原则　　B. 真实性原则　　C. 规范性原则　　D. 时效性原则

【答案】　D

【解析】　时效性原则要求注重:①写作的及时性,一篇实用文务必在特定的时间范围内及时完成;②处理好效用的特定性与时代发展的关系。

3.(2019年10月全国)实用文在结构组织上具有相对的稳定性,是社会约定俗成的结果,这要求实用文写作遵循(　　)

　A. 实用性原则　　B. 真实性原则　　C. 规范性原则　　D. 时效性原则

【答案】　C

【解析】　实用写作的规范性原则包括三个方面:文体选用的规范性,文章体例的规范性,语言运用的规范性。题干所述体现的是文章体例的规范性。

第十九章　公务文书举要

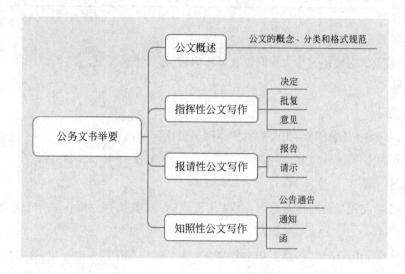

第一节 公 文 概 述

本节主要介绍了公文的概念、种类、分类以及公文的格式规范。

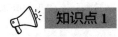

公文的概念 ☆☆

1. 公务文书,即通常所说的公文,是国家党政机关及其他法定社会组织在处理公务过程中使用的具有法定效力和规范体式的文字材料,是实施领导和管理,进行公务活动的重要工具。

2. 根据 2012 年 4 月 6 日中共中央办公厅、国务院办公厅联合印发的《党政机关公文处理工作条例》(以下简称《条例》)规定,15 种法定公文分别是:决议、决定、命令(令)、公报、公告、通告、意见、通知、通报、报告、请示、批复、议案、函、纪要。

知识解读

考生需掌握法定行政公文的种类,了解公文的概念即可,常考查选择题。

真题小练

【单选题】

(2018 年 4 月全国)以下不属于现行法定公文的是( )

A. 决议　　　　B. 命令　　　　C. 声明　　　　D. 公告

【答案】 C

【解析】 机关公文写作,涉及的是党政机关常用法定公文的写作,包括:①决议、②决定、③命令(令)、④公报、⑤公告、⑥通告、⑦意见、⑧通知、⑨通报、⑩报告、⑪请示、⑫批复、⑬议案、⑭函、⑮纪要。

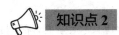

公文的分类 ☆☆☆

从不同的角度对公文进行分类,便于认识、把握公文写作和使用的规律。常见的公文分类主要有:

按行文关系进行分类	(1) **上行文**适用于领导关系和指导关系中的下级机关、下级业务部门向它所属的上级领导机关、上级业务主管部门递交的行文,常见的上行文包括：报告、请示
按行文关系进行分类	(2) **下行文**就是上级领导机关、业务主管部门,对下级机关、下级业务部门发出的公文。常见的下行文包括：命令(令)、决定、决议、公告、通告、通知、通报、公报、批复等
	(3) **平行文**是用于平行关系和不相隶属关系部门的公文,函是最常用的平行文
按公文来源分类	(1) 发文 (2) 收文 (3) 内部公文
按公文的涉密程度分类	(1) **涉密公文**指内容涉及国家机密,需要限定阅读范围和对象的公文,又分绝密、机密、秘密三个等级 (2) **普通公文**指不涉及党和国家秘密的公文,一般也分三种：对外公开件、国内公开件、内部使用件
按办理时限分类	(1) 特急公文 (2) 加急公文 (3) 常规公文
按公文的性质和作用分类	(1) **指挥性公文**,是体现领导机关的决策意图,领导和指导下级机关工作的公文,如命令(令)、决议、决定、批复等 (2) **报请性公文**,是下级机关用来向上级汇报和请示工作、提出意见和建议、请求指示和批准的公文,如报告、请示、议案等 (3) **知照性公文**,是向有关方面发布需周知、遵守或办理事项的公文,如公告、通告、通报、通知、公报、函等 (4) **记录性公文**,是指真实记录会议情况和议定事项的公文,如纪要(会议纪要)

▇ 知识解读

考生需掌握从不同角度对公文进行分类的具体内容,这一部分属于高频考点,常考查选择题。

▇ 真题小练

【单选题】

1. (2017 年 10 月全国)内容涉及国家机密,需要限定阅读范围和对象的公文属于(　　)

    A. 普通公文　　　　B. 特急公文　　　　C. 加急公文　　　　D. 涉密公文

【答案】　D

【解析】　涉密公文指内容涉及国家机密,需要限定阅读范围和对象的公文。又分绝密、机密、秘密三个等级。

2. (2016 年 10 月全国)上级领导机关、业务主管部门,对下级机关、下级业务部门发出的公文是(　　)

    A. 上行文　　　　B. 平行文　　　　C. 下行文　　　　D. 内部公文

【答案】　C

【解析】　从行文关系划分,公文可以分为上行文、下行文和平行文。其中下行文就是上级领导机关、业务主管部门,对下级机关、下级业务部门发出的公文。

3.(2015年4月全国)下级机关或业务部门向上级机关或业务部门行文,从行文方向看属于(　　)

A. 下行文　　　　B. 上行文　　　　C. 平行文　　　　D. 内部公文

【答案】 B

【解析】 上行文适用于领导关系和指导关系中的下级机关、下级业务部门向它所属的上级领导机关、上级业务主管部门行文。

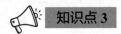 知识点3

 公文的格式规范 ☆☆☆

公文的格式规范	1. 公文格式,指机关常用公文正本的构成要素和文面格式,具有规范性和稳定性;根据《条例》《党政机关公文格式》国家标准(GB/T 9704—2012)(以下简称《国标》)规定,公文正本的各要素及其位置安排与制作要求都是确定的,不能随意增删;其中《条例》列举18项要素,《国标》则规定了各要素的排列位置及字体、字号等 2.《国标》将公文的文面格式分为: (1)**版头部分**,包括公文份号、密级和保密期限、紧急程度、发文机关标志、发文字号、签发人等构成要素 (2)**主体部分**,与版头之间以一条红色分隔线隔开,包括标题、主送机关、正文、附件说明、发文机关署名、成文日期、印章和附注等 (3)**版记部分**,包括抄送机关、印发机关和印发时间、页码等 3. 不同公文视文种和内容不同,要素构成也不同,一般公文的固定组成部分如下: (1)发文机关标志,由发文机关全称或规范化简称加"文件"构成,也可直接使用发文机关全称或规范化简称 (2)**发文字号**是发文机关编排的文件代号,一份公文只有一个代号,由发文机关代字、年份、发文顺序号构成 (3)公文标题由发文机关名称、事由、文种三个要素构成,应简洁、明确,使人一目了然;事由部分要能够概括公文的主要内容,前面通常要加事由语"关于";为了阅读和管理,公文标题一般要求三要素齐全;在实际应用中,也有省略的情况 (4)主送机关,也称受文对象,是公文的主要受理机关。下行文除批复外,一般有多个受文对象;上行文一般只有一个主送机关,应使用单位全称或规范化简称 (5)正文是公文的主体部分,承载公文的具体内容,体现发文的根本意图,是公文的核心所在,其基本结构为:导语—主体—结语;导语部分简要说明制文的根据、目的或者原由;主体是公文正文最重要部分,是公文所要表达的主要问题及主张;结语是正文的结尾,应言尽意止,自然结篇 (6)**成文日期**,是公文形成的时间,即公文由会议通过或者发文机关负责人签发的日期,要注意的是,联合行文的公文以最后签发机关领导人的签发时间为准 (7)发文机关署名及印章,发文机关应署全称或规范化简称,并加盖发文机关印章,印章要求与署名机关相符 (8)抄送机关,指除主送机关外需执行或知晓公文内容的其他机关,应使用机关全称、规范化简称或者同类型机关统称。如果主送机关太多,需要移至版记,要将"抄送"改为"主送";既有主送机关又有抄送机关时,将主送机关置于抄送机关的上一行,二者间不加分隔线 (9)印发机关,是负责公文印制的主管部门,一般是各机关的办公厅(室)或文秘部门,印发日期使用阿拉伯数字标注,年份应标全称,月、日不编虚位,后加"印发"二字

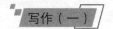
■ **知识解读**

考生需掌握公文的格式规范的具体内容,着重注意成文日期的概念以及公文的文面格式——版头、主体、版记三个部分,这些属于高频考点,常考查选择题。

■ **真题小练**

【单选题】

1. (2014年10月全国)下列关于公文格式及其要素说法错误的是(   )

    A. 公文的文面格式包括三个部分:版头、主体、版记

    B. 发文机关标志由发文机关全称或规范化简称加上"文件"构成

    C. 公文的标题通常由发文机关名称、事由、文种三个要素构成

    D. 发文字号由发文机关代字、年份、发文序号构成;一份公文可以有一个以上的发文字号

【答案】 D

【解析】 发文字号由发文机关代字、年份、发文顺序号构成;一份公文只有一个代号。

2. (2012年4月全国)公文的成文时间一般以(   )

    A. 盖公章的时间为准   B. 正式定稿的时间为准

    C. 领导人签发的日期为准   D. 正式印刷的时间为准

【答案】 C

【解析】 成文日期,是公文形成的时间,即公文由会议通过或者发文机关负责人签发的日期。要注意的是,联合行文的公文以最后签发机关领导人的签发时间为准。

3. (2018年4月全国)公文正本的各要素及其位置安排与制作要求都是确定的,根据《国标》规定,公文的文面格式应包括三个部分,分别是版头、主体与(   )

    A. 发文机关   B. 抄送机关   C. 版记   D. 附件

【答案】 C

【解析】 《国标》将公文的文面格式分为版头、主体、版记三个部分。

第二节　指挥性公文写作

本节主要介绍了指挥性公文中普遍使用的决定、批复、意见的写作的具体内容。

决定☆

决定的概念及适用	**决定**是党政机关对重要事项或重大行动作出决策和安排的指挥性公文,决定"适用于对重要事项作出决策和部署、奖惩有关单位和人员、变更或者撤销下级机关不适当的决定事项"
决定的写作包括四个部分	(1) 标题,要求三要素俱全,即发文机关、事由和文种,也可省去发文机关,但落款中务必注明发文机关名称 (2) 主送机关,一般采用泛称,针对个案的决定及会议通过的决定往往不标注主送机关 (3) 正文,一般由决定理由、决定事项和结语三个部分组成 (4) 落款,包括发文机关和成文日期,会议通过的决定则不必标注落款

知识解读

考生需掌握决定的概念,这属于高频考点,常考查选择题。

真题小练

【单选题】

(2018 年 4 月全国)党政机关对重要事项或重大行动作出决策和安排的指挥性公文是（　　）

A. 批复　　　　B. 决定　　　　C. 意见　　　　D. 通知

【答案】　B

【解析】　决定是党政机关对重要事项或重大行动作出决策和安排的指挥性公文。任何机关、团体、企事业单位都可以在职权范围内使用决定,但使用决定处理的事项对于本机关、单位都是相当重要的,应由领导集体或权力机构集体讨论研究后作出安排或部署。

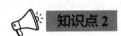

批复☆

批复的概念及适用	**批复**是答复下级机关请示事项的下行公文,只用于答复请示 (1) 一定是先有请示,再有答复 (2) 一文一批,请示什么,就答复什么
使用范围	**批复**作为指挥性公文,是下级机关处理公务的依据,其答复问题必须态度明确,指示清楚,《条例》规定,批复"适用于答复下级机关请示事项"
批复的写作包括四个部分	(1) 标题,一般要求三要素齐全,也可省去发文机关,由事由和文种构成 (2) 正文,一般先引述来文的标题和文号,简述来文的请示事项,然后以"现批复如下"等惯用过渡语引出下文;**答复态度**的三种情况:①同意或批准;②基本同意或原则上同意;③不同意、不予批准;后两种需说明理由和依据 (3) 结语,常采用惯用语,如"此复""特此批复" (4) 落款,要写明日期并加盖发文机关印章

■ 知识解读

考生需掌握批复作为指挥性公文，是下级机关处理公务的依据，其答复问题必须态度明确，了解批复的写作包括的内容即可，常考查选择题。

■ 真题小练

【单选题】

（2010年7月全国）适用于答复下级机关请示事项的公文是（　　）

A. 报告　　　　　B. 函　　　　　C. 指示　　　　　D. 批复

【答案】　D

【解析】　批复是答复下级机关请示事项的下行公文，只用于答复请示，不用于其他文种，并且一定是先有请示，再有答复。一文一批，请示什么问题、事项，就答复什么问题、事项。

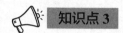 知识点 3

■ 意见 ☆

意见的概念及适用	(1) 意见是党政机关法定公文中的新兴文种，在机关工作中的使用频率逐渐增多，体现出党政机构的民主作风 (2)《国务院办公厅关于实施〈国家行政机关公文处理办法〉涉及的几个具体问题的处理意见》（国办函〔2001〕1号）规定："意见可以用于上行文、下行文和平行文" (3)《条例》规定：意见"适用于对重要问题提出见解和处理办法"
意见的写作（基本结构）	意见的写作，在基本结构上与决定、批复大体一致，内容方面与指示相近

■ 知识解读

考生需着重掌握"意见适用于对重要问题提出见解和处理办法"以及"意见可以用于上行文、下行文和平行文"，这些属于高频考点，常考查选择题。

■ 真题小练

【单选题】

1.（2015年10月全国）可以广泛用于上行文、下行文和平行文的公文文种是（　　）

A. 批复　　　　　B. 决定　　　　　C. 意见　　　　　D. 通知

【答案】　C

【解析】　《国务院办公厅关于实施〈国家行政机关公文处理办法〉涉及的几个具体问题的处理意见》（国办函〔2001〕1号）规定："意见可以用于上行文、下行文和平行文。"

2.（2016年4月全国）适用于对重要问题提出见解和处理办法的公文是（　　）

A. 意见　　　　　B. 建议　　　　　C. 决定　　　　　D. 议案

【答案】　A

【解析】 《条例》规定：意见"适用于对重要问题提出见解和处理办法"。意见可以用于上行文、下行文和平行文。

第三节 报请性公文写作

本节介绍了报请性公文的主要类型,包括报告和请示。

报告☆☆☆

报告的概念及适用	报告是下级机关经常使用的陈述性公文,便于上级机关及时了解情况,把握全局,发挥领导、指挥作用;同时也便于上下沟通,避免下级机关工作出现差错和问题;《条例》规定,报告"适用于向上级机关汇报工作、反映情况,回复上级机关的询问"
报告的写作的组成部分	(1) 标题,由发文机关、事由、文种组成,也可写成事由加文种的形式,如果报告事项紧急,可在标题中加"紧急"二字 (2) 主送机关,一般是发文机关直属上级机关,不能多头主送,如有相关部门需知情,可在抄送栏中标识 (3) 正文,先写报告缘由,简明陈述报告事项的概况,说明报告的原因、目的和依据,如无必要可不写;然后以"现将有关情况报告如下""现报告如下"等常用过渡语转入报告的主体部分;报告内容的写作可根据报告性质的不同有所侧重,一般包括基本情况、措施与结果、成效与问题等;结语常用"特此报告""请审阅"等作结,也可不写结语 (4) 落款

知识解读

考生需着重掌握报告"适用于向上级机关汇报工作、反映情况,回复上级机关的询问"的含义以及报告的组成部分,这属于高频考点,常考查选择题。

真题小练

【单选题】

1. (2016年10月全国)适用于向上级机关汇报工作、反映情况,回复上级机关的询问的公文是(   )

A. 请示   B. 通知   C. 意见   D. 报告

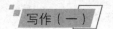

【答案】 D

【解析】 《条例》规定，报告"适用于向上级机关汇报工作、反映情况，回复上级机关的询问"。报告是下级机关经常使用的陈述性公文。

2.（2016年10月全国）下面四项中，不属于报告标题组成部分的是(   )

　　A. 事由　　　　　B. 发文机关　　　　　C. 文种　　　　　D. 主送机关

【答案】 D

【解析】 报告的写作，包括标题、主送机关、正文和落款几个部分。报告的标题由发文机关、事由、文种组成，也可写成事由加文种的形式。

■ 请示☆☆☆

请示的适用	《条例》规定，请示"适用于向上级机关请求指示、批准"
请示的使用范围	(1) 请示作为上行文，是下级机关向上级机关请求批准或指示的报请性公文。下级机关遇到无权或无力解决以及按规定应由上级机关决断问题时都应向上级机关行文请示 (2) 凡在下级机关职权范围内，通过努力能处理的问题，应该自行解决，不能动辄请示，逃避责任
请示的写作的组成部分	(1) 标题一般由发文机关、事由、文种构成，也可写成"事由加文种"形式；注意：《条例》规定"报告不得夹带请示事项"；标题不能拟为"关于请求(或申请)×××的请示" (2) 主送机关通常是发文机关的直属上级机关，受双重领导的机关，应根据请示事项所属的职权范围选择一个主送机关并抄送另一个领导机关 (3) 正文包括： ① 请示缘由，是请示获得批准的前提，要简明而充分的陈述原因、依据等；必要时需举事实、列数据加以说明 ② 请示事项：要切实可行；考虑全局，不提过分要求；自己能力范围内的，不必向上级提出帮助解决的请求 ③ 请示结语，采用惯用语，如："特此请示""妥(当)否，请批示(指示、批准)"等 (4) 落款

■ 知识解读

　　考生需着重掌握请示的使用范围以及请示写作的组成部分的具体内容。

■ 牛刀小试

【单选题】

1. 请示正文的内容由三部分组成，其中不包括(   )

　　A. 请示缘由　　　B. 请示事项　　　C. 请示时间　　　D. 请示结语

【答案】 C

【解析】 请示正文包括请示缘由、请示事项、请示结语。

2. 下级机关遇到无权或无力解决,以及按规定应由上级机关决断问题时,应该向上级机关行文(　　)

　　A. 报告　　　　　　　B. 请示　　　　　　　C. 通知　　　　　　　D. 决定

【答案】　B

【解析】　请示作为上行文,是下级机关向上级机关请求批准或指示的报请性公文。下级机关遇到无权或无力解决,以及按规定应由上级机关决断问题时都应向上级机关行文请示。

第四节　知照性公文写作

本 节 内 容 提 要

　　知照性公文是国家党政机关、企事业单位或其他社会团体用来宣布事项、发布规章、商洽工作、通报情况的重要工具,包括公告、通告、通报、通知、公报、函等。

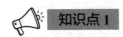

知识点 1

■ 公告通告☆

公告、通告的适用	《条例》规定:公告"适用于向国内外宣布重要事项或者法定事项",通告"适用于在一定范围内公布应当遵守或者周知的事项"
公告通告使用范围及要求	(1) 使用范围:公告通告是周知性公文,内容不涉密,以公开的方式向社会发布信息 (2) 要求:公告一般由级别较高的国家权力机关发布,涉及的是重要事项,在写作上必须严肃谨慎,严格按章办事;通告公布社会各方面应当遵守或周知事项,也应严肃对待
公告通告写法的组成部分	公告、通告的写法:两者写法基本一致,基本结构都包括标题、正文和落款 (1) 标题:写法比较自由,可采用三要素齐全的规范形式、"事由加文种"的形式、"发文机关加文种"的形式、直接以文种为题 (2) 正文写作一般包括公布缘由、公布事项和结尾 ① 缘由部分通常交代发布的目的、依据、原因,内容比较简单的公告、通告不写缘由,直接公布事项 ② 公布事项部分是主体,要具体明确,条理清晰 ③ 结尾部分通常采用"特此公告""此告""特此通告"等惯用语作结 (3) 落款

■ 知识解读

　　考生需掌握通告"适用于在一定范围内公布应当遵守或者周知的事项"以及正文写作一

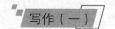

般包括公布缘由、公布事项和结尾,常考查选择题。

真题小练

【单选题】

(2014 年 4 月全国)下列事项中,可用"通告"行文的是(   )

A. 某市国税局拟行文召开各区、县国税局长会议

B. 某县公安局拟行文告知公众限期到指定地点进行二代身份证办理事宜

C. 某县县委拟向各级党组织布置加强党的先进性教育的有关事项

D. 某商场开业并告知公众

【答案】   B

【解析】   通告"适用于在一定范围内公布应当遵守或者周知的事项"。A 项使用通知,C 项使用决定,D 项可以使用启事。

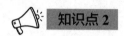

通知☆☆

通知的适用	《条例》规定:通知"适用于发布、传达要求下级机关执行和有关单位周知或者执行的事项,批转、转发公文"
通知的应用范围	可以用作上级机关对下级机关、组织对所属成员的下行文,也可以用作平行机关之间、不相隶属机关之间知照事项的平行文
通知的分类	根据其内容及用途不同,可以分为: (1) 指示性通知:用于对下级工作发出指示、布置任务、提出要求 (2) 知照性通知:用于设置机构、更正文件、迁址办公、任免干部等专门事项通知 (3) 批转、转发性通知:主要用于批转下级机关的文件,转发上级、同级或不相隶属机关的文件 (4) 事务性通知:用于处理日常事务,如开会、放假、缴费、停水、停电等
通知的基本结构	(1) 标题,一般由发文机关、事由、文种构成,也可写成"事由加文种"形式 (2) 通知的主送机关,多是具体的对象,通知的主送机关即便采用泛称的形式,也需明确对象的身份 (3) 正文写法,因通知类型不同,各有侧重 (4) 落款

知识解读

考生需掌握通知可以用作上级机关对下级机关、组织对所属成员的下行文,也可以用作平行机关之间、不相隶属机关之间知照事项的平行文以及通知分类,常考查选择题。

真题小练

【单选题】

1. (2009 年 4 月全国)对下级机关布置某项工作,要求办理或执行时所使用的通知是(   )

    A. 知照性通知   B. 发布性通知   C. 指示性通知   D. 批示性通知

【答案】 C

【解析】 根据通知的内容及用途不同,可以分为指示性通知、知照性通知、批转转发性通知、事务性通知等。指示性通知用于对下级工作发出指示、布置任务、提出要求。

2. (2013 年 4 月全国)下列公文文种中,既属下行文又属平行文的一种是( )

A. 通报 B. 通知 C. 通告 D. 公告

【答案】 B

【解析】 通知可以用作上级机关对下级机关、组织对所属成员的下行文,也可以用作平行机关之间、不相隶属机关之间知照事项的平行文。

■ 函☆

函的适用	(1)《条例》规定:函"适用于不相隶属机关之间商洽工作、询问和答复问题、请求批准和答复审批事项" (2) 在实际使用中,主要用于平行机关之间、不相隶属机关之间的沟通交流,有时也会用于上下级机关之间就一些事务性的具体问题的询问和答复
函的分类	(1) 根据函的往来关系,分为发函和复函 (2) 根据内容和用途不同,分为:商洽函、询复函、请批函、知照函 (3) 根据文面规格不同,可以分为公函和便函
函的基本结构	(1) 标题,由发文机关、事由和文种构成,也可以是事由加文种形式,如果是复函,标题中通常要标明"复函" (2) 主送机关,比较明确、单一,一般不抄送其他机关 (3) 正文部分写作,不同类型的函件写法不同,一般大致包括缘由、事项、结语三部分 (4) 落款部分,标识发文机关印章和成文时间

■ 知识解读

考生需掌握函的基本结构,其他内容了解即可,常考查选择题。

■ 牛刀小试

【单选题】

适用于不相隶属机关之间商洽工作、询问和答复问题、请求批准和答复审批事项的公文是( )

A. 通知 B. 函 C. 请示 D. 通告

【答案】 B

【解析】 《条例》规定:函"适用于不相隶属机关之间商洽工作、询问和答复问题、请求批准和答复审批事项"。函的基本结构包括标题、主送机关、正文、落款四个部分。

第二十章　事务文体举要

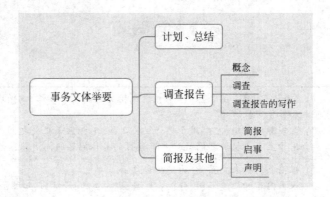

第一节 计划、总结

本节主要介绍了事务文体概述、计划的概念、分类和写作以及总结的概念和写作的内容。

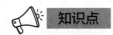

■ 计划、总结 ☆☆☆

事务文体概述	1. 事务文体是与法定的党政机关公文相对应的实用文体,是党政机关、企事业单位、社会团体在日常事务活动中广泛使用的、具有惯用格式的实用文 2. 事务文体种类众多,包括计划、总结、简报、调查报告、述职报告、启事、声明、海报、大事记、介绍信、证明信、慰问信、感谢信、公开信、推荐信、申请书、决心书、倡议书、聘书、祝贺词、开幕词、闭幕词、祝酒词、讣告、悼词、唁电等
计划的概念、分类以及写作	1. 概念 党政机关、社会团体、企事业单位为了实现一定的目标,对将要进行的工作、生产、学习或其他活动作出的筹划、部署与安排;"凡事预则立,不预则废",制订计划,是科学的工作方法 2. 分类 (1) 计划种类繁多,包括通常所说的打算、设想、安排、方案、要点、意见、纲要、规划等,意见是计划类的法定公文 (2) 以时间长短为标准划分,可分为:长期的规划(或纲要),一般五年以上;中期计划,一般三年左右;短期计划,一般是一年或一年以内,如年度计划、季度计划 (3) 按内容划分,有生产计划、工作计划、教学计划、科研计划等 3. 计划的写作 惯用的结构:标题—引言—主体(目标或任务—措施与步骤—执行要求)—结尾—落款
总结的概念以及写作	1. 概念 党政机关、社会团体、企事业单位对已经开展的工作、生产、学习或其他活动取得了一定进展或完成任务时,进行的回顾、反思和分析研究,旨在找出成绩与问题、经验与教训 2. 总结的写作 (1) 立足于现实,从具体的实践活动中认识事物发展的本质,找出规律性 (2) 写作风格上,要求语言平实,不可浮夸,也不应过于谦虚,含糊其词 (3) 没有固定的格式,有多种写法 ① 标题包括机关名称、时间、内容和文种;可省去机关名称或时间,但必须保留内容和文种 ② 正文开头,通常要写一段引言,对总结对象加以介绍;不同类型的总结有不同的写法 ③ 主体部分常用的结构方式:四项分层式、条文并列式及阶段展开式 (4) 材料使用上,力求全面、翔实、可靠

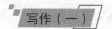

◆ **知识解读**

考生需掌握事务文体、计划和总结的概念，其他内容了解即可，常考查选择题。

◆ **真题小练**

【单选题】

1.(2017年4月全国)计划类中的法定公文是(　　)

　　A. 方案　　　　　　B. 规划　　　　　　C. 意见　　　　　　D. 设想

【答案】　C

【解析】　计划种类繁多，包括通常所说的打算、设想、安排、方案、要点、意见、纲要、规划等。意见是计划类的法定公文。

2.(2011年7月全国)在一定时间内为了完成某项任务或几项任务，需要事先作出明确、具体的部署的书面文体是(　　)

　　A. 总结　　　　　　B. 简报　　　　　　C. 计划　　　　　　D. 调查报告

【答案】　C

【解析】　计划是党政机关、社会团体、企事业单位为了实现一定的目标，对将要进行的工作、生产、学习或其他活动作出的筹划、部署与安排。与总结相反，计划总是对未来的预见。

3.(2009年4月全国)"凡事预则立，不预则废"，说的是要完成任务，事先必须(　　)

　　A. 拟问卷　　　　　B. 订计划　　　　　C. 作访谈　　　　　D. 写请示

【答案】　B

【解析】　"凡事预则立，不预则废"，制订计划，是科学的工作方法。

第二节　调查报告

本节主要介绍了调查报告的概念、作用、类型，调查，调查报告写作的具体内容。

◆ **概念☆**

调查报告的概念	调查报告是机关、团体、企事业单位使用频率很高的事务文体；它是在实际调查研究基础上写出的反映客观真实的书面报告；调查报告是调查与报告的结合体，调查是前提、依据、根本，报告是调查结果的表现形式

续表

调查报告的作用	（1）反映真实的社会情况，为领导部门提供科学决策、制定方针政策的重要依据 （2）揭露真相，澄清事实，明辨是非，引导社会健康发展 （3）发现新生力量，推动社会前进
调查报告的类型	（1）反映情况的调查报告，如揭示社会群体生存状况，反映企业生产、销售情况，揭示各类社会事件真相的调查报告等 （2）介绍典型的调查报告，如反映制度改革成效、推广管理经验、宣传新人新事新风貌的调查报告等 这两类侧重不同，前者常作为决策依据，重心在客观地反映现实，后者常用于管理借鉴，重心在于揭示成功经验
调查报告的写作特点	（1）明确的针对性：即调查报告都是针对现实问题满足现实需要而写，有着明确的写作目的 （2）客观的真实性：即调查报告必须立足真实的调查、真实的结果，反映真实的情况、问题或经验、规律，切忌先入为主、心怀成见，为了观点寻找材料；真实性是调查报告的生命，刻意求真是调查报告写作的灵魂
调查报告的写作阶段	（1）收集写作材料的调查阶段 （2）分析、运用材料的写作阶段

知识解读

考生需掌握调查报告的概念、作用以及特点，其他内容了解即可，常考查判断分析题。

真题小练

【判断分析题】

（2017年10月全国）调查报告的写作不一定需要立足真实的调查情况。

【答案】　×。真实性是调查报告的生命，刻意求真是调查报告写作的灵魂。调查报告必须立足真实的调查、真实的结果，反映真实的情况、问题或经验、规律。切忌先入为主、心怀成见，为了观点寻找材料。

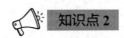
知识点2

调查☆

调查	1. 要明确调查目的 目的不是结论，目的是方向，结论是终点 2. 制订调查方案 确定调查对象及范围、调查的具体内容、方式、方法，安排时间和工作进度，预算各项费用等 3. 展开调查工作 常见的调查方法：问卷法、座谈法、访谈法、观察法、统计法、实验法、普查法、文献调查法、抽样调查法等 4. 整理材料

知识点 3

调查报告的写作☆

调查报告的人称及基本框架	可用第一人称写法,也可用第三人称写法,基本框架由标题、署名、前言、主体、结尾等五个部分组成
调查报告的写法	1. 标题的写法 （1）公文式标题,即由调查对象或内容加文种组成 （2）新闻式标题,写法灵活,形式自由 2. 调查报告一律要求署名,可以是机关单位或临时组成的调查小组,也可以是个人,一般署于标题下方,同时注明写作时间,也可署在文末 3. 前言,也称引言、导语,通常是针对调查情况的说明,也可对调查结论加以概括 4. 主体部分是调查报告的重心,一般常用横向结构、纵向结构和块状结构 5. 结尾是调查报告的结论部分,写法多样

知识解读

考生需掌握调查报告的写作的内容,常考查选择题。

真题小练

【单选题】

(2016年4月全国)主体部分是调查报告的重心,一般常用横向结构、纵向结构和(　　)

A. 并列式结构　　　B. 因果式结构　　　C. 块状结构　　　D. 链式结构

【答案】　C

【解析】　主体部分是调查报告的重心,这部分的写作的成功与否决定调查成果能否得以体现,一般常用横向结构、纵向结构和块状结构。

第三节　简报及其他

　　本节主要介绍了简报、启事和声明。

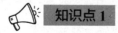

知识点 1

简报☆☆

简报的概念	简报是机关、团体、企事业单位用来汇报工作、反映问题、交流经验的事务文书,一般限于系统内部交流使用,也叫内部参考、工作通讯、情况交流、摘报、动态、快报等

续表

简报的写法	简报传递的信息类似于新闻,要求及时、新颖。编写简报的要求: (1) 善于发现工作中的新情况、新热点、新动向,迅速及时的编印发送,以供领导掌握新动态 (2) 文字凝练、表意明确,并尽量做到篇幅短小,一事一报 (3) 简报之新是事实之新,不是一味猎新,简报之简,更不是"简而化之"
简报的种类及写作格式	1. 从报道内容的不同,可以把简报分为:工作简报和会议简报 2. 简报的写作格式 (1) 报头:包含简报名称、简报期号、主编单位、编发时间等;保密的简报要注明密级和编号 (2) 报体:简报主体部分,由按语、标题和正文三部分组成 ① 按语:是编者对简报材料的介绍、说明、提示或评论 ② 标题:拟定比较自由,可使用单行标题,也可使用正副双行标题,要求准确、简洁、醒目 ③ 正文:可以采用新闻式写法,也可以采用分条列写的手法 (3) 报尾

知识解读

考生着重掌握简报的概念,这属于高频考点,常考查选择题。

真题小练

【单选题】

(2017年10月全国)机关、团体、企事业单位用来汇报工作、反映问题、交流经验,一般限于系统内部交流的事务文书是(　　)

A. 计划　　　　　B. 简报　　　　　C. 启事　　　　　D. 声明

【答案】　B

【解析】　简报是机关、团体、企事业单位用来汇报工作、反映问题、交流经验的事务文书。一般限于系统内部交流使用,也叫内部参考、工作通讯、情况交流、摘报、动态、快报等。

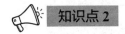

知识点 2

启事☆

启事的概念	**启事**是机关团体、企事业单位或个人向社会公众公开告知某种事项,并希望获得给予支持或协助办理的事务文体,一般内容短小,一事一文
启事的种类	(1) 告知类启事:开业、更名、庆典、迁址、鸣谢等 (2) 征招类启事:征稿、征订、征婚、招聘、招领、招商等 (3) 寻找类启事:寻人、寻物等
启事的写作结构	(1) 标题一般由"内容加文种"构成,也可直接由内容或启事单独构成标题 (2) 正文写作根据内容而定,简单的启事往往篇段合一,直接告知说明事项涉及内容较多,则可从启事缘由、事项和结语三方面写 (3) 落款应写明发文的单位名称、时间,正文或落款处应留下详细的联系方式

■ **知识解读**

考生需掌握启事的概念,理解记忆启事的种类包括哪些,其他内容了解即可,常考查选择题。

■ **真题小练**

【单选题】

(2015年10月全国)机关团体、企事业单位或个人向社会公众公开告知某种事项,并希望获得给予支持或协助办理的事务文体是(   )

A. 计划   B. 启事   C. 简报   D. 声明

【答案】   B

【解析】   启事是机关团体、企事业单位或个人向社会公众公开告知某种事项,并希望获得给予支持或协助办理的事务文体。一般内容短小,一事一文。

 知识点 3

■ **声明**☆

声明的概念	**声明**是国家政府、党派、机关、团体、单位或个人就某一事项或问题公开表明态度、立场、观点或说明真相的事务文体
声明的种类及要求	外交声明、会谈声明,用于企事业单位的澄清真相声明、致歉声明等,及用于个人的遗失声明等 表明立场、态度、观点是其根本目的,因此,声明写作往往旗帜鲜明、语气坚定,严肃庄重
声明的写法(结构)	声明的写法(结构)包括:标题、正文、落款 (1) 标题:"单位名称加声明"或"单位名称加事由加声明"或只有文种 (2) 正文:首先要写明缘由、事实的经过、是非真相,然后明确表明自己的立场、态度、观点 (3) 落款

■ **知识解读**

考生需掌握声明的概念,其他内容了解即可,常考查选择题。

■ **真题小练**

【单选题】

(2017年4月全国)国家政府、党派、机关、团体、单位或个人就某一事项或问题公开表明态度、立场、观点或说明真相的事务文体是(   )

A. 计划   B. 简报   C. 启事   D. 声明

【答案】   D

【解析】   声明是国家政府、党派、机关、团体、单位或个人就某一事项或问题公开表明态度、立场、观点或说明真相的事务文体。表明立场、态度、观点是声明的根本目的。

第二十一章　新闻文体举要

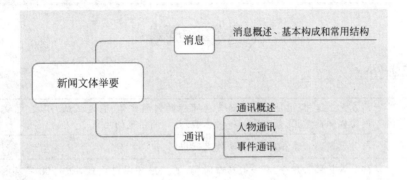

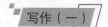

第一节 消 息

本节主要介绍了消息的概念、特点、类型、基本构成和常用结构。

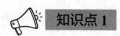

■ 消息概述☆☆☆

消息的概念	消息是迅速、简要地报道新近发生事件的新闻文体,它是报纸、广播、电视及新兴的网络媒体最常用、最主要的一种体裁,是新闻报道的主角
消息的特点	与其他新闻文体相比,消息写作更突出新、快、短的特点
消息的类型	(1) 按篇幅长短分,有一句话新闻、简讯(200 字以内)、短消息(500 字以内)、长消息(1 000 字以内)等 (2) 按消息载体不同划分,有报纸消息、广播消息、电视消息、网络消息等 (3) 按写作角度不同划分: ①动态消息,是对新近发生事件及其发展变化进程的报道,强调时间性,多是一事一报,篇幅短小;②人物消息;③综合消息;④经验消息,也叫典型报道,是对具有典型意义的地方、单位或个人事迹的针对性报道;⑤述评消息等

■ 知识解读

考生需掌握消息的特点以及类型,其他内容了解即可,本知识点属于高频考点,常考查选择题和判断分析题。

■ 真题小练

【单选题】

1.(2017 年 10 月全国)对具有典型意义的地方、单位或个人事迹的针对性报道是(   )

　　A.述评消息　　　　B.人物消息　　　　C.经验消息　　　　D.动态消息

【答案】 C

【解析】 经验消息,也叫典型报道,是对具有典型意义的地方、单位或个人事迹的针对性报道。在报道事实的同时,经验消息还要从中引出规律并得出结论。

2.(2011 年 7 月全国)关于新近发生事件及其发展变化进程的报道是(   )

　　A.综合消息　　　　B.经验性消息　　　　C.动态消息　　　　D.简讯

【答案】 C

【解析】 动态消息是对新近发生事件及其发展变化进程的报道。强调时间性,多是一事一报,篇幅短小。

【判断分析题】

(2018年4月全国)与其他新闻文体相比,消息写作更突出新、慢、短的特点。

【答案】 ×。与其他新闻文体相比,消息写作更突出新、快、短的特点。"新"是新鲜。一是指时间上最新发生的事件或最新发现的过去事件。二是指采用新的视角看问题,"快"是消息的生命,没有速度就没有消息。传播越快、越及时的消息,其价值与作用也就越大。"短"指篇幅精短。

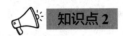

📢 消息的基本构成 ☆☆☆

一则消息通常由标题、导语、主体、结尾及必要的背景构成。背景根据写作实际需要,可有可无,可多可少。

标题的写作	从标题结构看,分为**单一型标题**和**复合型标题**
导语的写作	1. 导语即消息的开头部分 2. 导语写作常用方法 (1) 叙述式:也叫概述式、摘要式;采用叙述的方法,简要地把消息中最具新闻的事实或思想,直接表述出来 (2) 描写式:从生动具体的描写入手,通过新闻事实的某个最具特色的侧面或场景,造成身临其境的效果 (3) 评论式:在概述新闻事实的同时,对人物或事件展开评论,揭示新闻的价值或意义 (4) 设问式:以问题的形式,激发读者的好奇与兴趣,然后通过事实的陈述逐渐揭示答案 (5) 引语式:通过引用消息人物的话语或权威性的评论点明题旨,或以俗语、警句、名言的形式引出新闻事实
主体的写作	主体展开的方式: (1) 按照事物发生、发展的时间先后顺序安排材料,清晰地揭示新闻事实的过程 (2) 按照事物内在的联系或问题的逻辑关系安排材料,着重揭示新闻事实的本质和意义 (3) 按照新闻内容的重要程度或读者的关心程度先主后次地安排材料;此写法在倒金字塔结构中经常使用
结尾的写作	消息的结尾就是消息的最后一段或最后一句;有的有明显的结构标志,有的是自然结篇

📋 知识解读

考生需着重注意导语写作的常用方法,导语有哪些内容以及导语的含义,属于高频考点,常考查选择题。

📋 真题小练

【单选题】

1. (2013年4月全国)新华社北京1985年4月1日电:"今天,新中国颁布的第一部专利法正

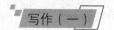

式生效了。从此,脑力劳动成果被无偿占用的历史在我国宣告结束。"这则消息的导语是( )

A. 叙述式导语　　　B. 评论式导语　　　C. 摘要式导语　　　D. 提问式导语

【答案】　B

【解析】　评论式导语:在概括新闻事实的同时,对人物或事件展开评论,揭示新闻的价值或意义。题干中,首先指出了我国第一部专利法于 1985 年 4 月 1 日正式生效,然后又指出了第一部专利法生效的意义是"脑力劳动成果被无偿占用的历史在我国宣告结束",符合评论式导语的特点。

2.(2006 年 4 月全国)"三月七日甘肃省洒勤山发生大面积山体滑动,当地群众的生命财产受到重大损失。"这则消息的导语所用的体式是( )

A. 描写式　　　B. 设问式　　　C. 评论式　　　D. 叙述式

【答案】　D

【解析】　叙述式,也叫概述式、摘要式。采用叙述的方法,简要地把消息中最具新闻价值的事实或思想,直接表述出来。

 知识点 3

■ **消息的常用结构** ☆ ☆

倒金字塔结构	消息最常见的结构,它以新闻事实的重要性递减为顺序进行安排结构,把最重要、最引人注目的信息放在导语中叙述,然后按照重要、次重要、次要的顺序展开,顶大底小,头重脚轻,形成倒金字塔的形式
金字塔结构	作者按照事件发生、发展的时间顺序或逻辑顺序进行材料的组织安排,通常适用于故事性较强的新闻事件
悬念式结构	金字塔结构和倒金字塔结构相结合的一种结构方式,采用倒金字塔结构的开头造成具有悬念的开头,再以金字塔结构形式安排消息主体部分的展开

■ **知识解读**

考生着重掌握倒金字塔结构的概念,其他内容了解即可,本知识点属于高频考点,常考查选择题。

■ **真题小练**

【单选题】

(2018 年 4 月全国)以新闻事实的重要性递减为顺序进行安排的消息结构是( )

A. 悬念式结构　　　B. 并列式结构　　　C. 金字塔结构　　　D. 倒金字塔结构

【答案】　D

【解析】　倒金字塔结构是消息最常见的结构。它以新闻事实的重要性递减为顺序进行安排结构,把最重要、最引人注目的信息放在导语中叙述,然后按照重要、次重要、次要的顺序展开,顶大底小,头重脚轻,形成倒金字塔的形式。

第二节 通 讯

本节主要介绍了通讯的概念、特征、类型以及通讯与消息的区别、人物通讯的概念、写作特点以及写法和事件通讯的概念以及注意事项。

通讯概述☆

通讯的概念	通讯作为新闻体裁的名称,我国特有,相当于西方新闻界的"**专稿**""**特稿**"
通讯与消息的异同	1. 通讯与消息一样,具有真实性、新闻性、及时性特征,写作中同样要交代新闻"六要素",即何人、何事、何时、何地、为何和如何 2. (1) 消息追求新、快、短,通讯强调事件发生的过程、细节及意义 (2) 相对于消息写作的平面化、程序性,通讯有更多自由 (3) 篇幅上,通讯一般较长,写作时间允许一定程度的滞后
通讯的特征	除了新闻性,还具有以下文体特征: (1) 主题性,即通讯作品主题集中、明确的特性,体现作者的观点、立场和写作意识 (2) 深入性,通讯要表现新闻事件或人物的本质意义或深层底蕴,必须深入新闻事实内部,既要有全面的、整体的把握,又要进行细部的、内在的考量,既要揭示现象、发现问题,还要找出原因、提出建议 (3) 文学性,通讯写作不仅要深入事实的内部,表现鲜明的主题,通常还要借用多种文学的手段,再现事件发生的场景,刻画人物的风采,把抽象的道理形象化,描写景物或环境,塑造典型形象等
通讯的类型	按照报道的内容,分为人物通讯、事件通讯、工作通讯、风貌通讯等 (1) 工作通讯:主要用于报道实际工作的进展状况和经验教训,有很强的现实针对性和前瞻意识 (2) 风貌通讯:反映一个地区的社会概况和发展变化,或介绍旅途见闻、名胜古迹、风俗人情,是通讯中散文化色彩最突出的一种

知识解读

考生需掌握通讯的概念以及类型,其他内容了解即可,常考查选择题。

真题小练

【单选题】

(2012 年 4 月全国)通讯的特点之一是(　　)

A. 文学性　　　　B. 简短性　　　　C. 先进性　　　　D. 灵活性

【答案】 A

【解析】 作为新闻体裁的通讯除了新闻性,还具有自身鲜明的文体特征。就文本来看,这种特征表现在以下几个方面:主题性、深入性、文学性。

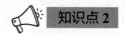

人物通讯 ☆☆

人物通讯的概念	人物通讯是以报道新闻**人物**为重心的通讯
人物通讯写作特点	以写人为主,要通过人物的言行、事迹,精心架构,刻画鲜明的形象,凸显人物的精神风貌,以情动人、以事感人,塑造真实的人物典型
人物通讯写法	(1) 刻画真实鲜活的人物形象 ① 以事写人,通过人物个性化的语言、动作、神态的描写突出人物的性格特征 ② 借环境写人,把人物置于特定的环境背景中,透视其言行变化及成长历程,凸显人物的性格魅力 ③ 适当的心理描写,或通过外在的语言、行为来揭示人物内心 ④ 结合正面刻画,运用侧面烘托的手法 ⑤ 其他手法,如细节刻画、暗示、旁白、特写、蒙太奇手法等 (2) 合理搭建结构 常见的人物通讯结构方法:传记式结构(纵式结构)、并列式结构(横式结构)、逻辑性结构(时空组合式结构)

知识解读

考生需掌握人物通讯的概念、结构方法的具体内容,其他内容了解即可,常考查选择题。

真题小练

【单选题】

(2016年4月全国)常见人物通讯的结构方法一般有纵式结构、横式结构和(　　　　)

A. 时空组合式结构　　　 B. 传记式结构　　　 C. 并列式结构　　　 D. 递进式结构

【答案】　A

【解析】 常见的人物通讯结构方法:传记式结构(纵式结构)、并列式结构(横式结构)、逻辑性结构(时空组合式结构)。

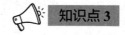

事件通讯 ☆

事件通讯概述	(1) 事件通讯是以报道新闻事件为中心的通讯,是报纸、广播、网络最常见的体裁,事件通讯重在对事件发生的过程、原因、影响及意义进行全面完整的报道 (2) 事件通讯写作的义务,让社会了解新闻事件及深层背景,并以此引导、保护社会的健全发展
事件通讯写作中的注意事项	(1) 让事件说话,事件通讯主题的确立,决定于新闻事件自身的特点和性质,让主题来自事件本身 (2) 要有现场意识 (3) 写好事件中的"人",事件通讯以写事为主,但要写好事件,离不开对与事件紧密相关的人的描写 (4) 恰当地运用叙述技巧

第二十二章　申　　论

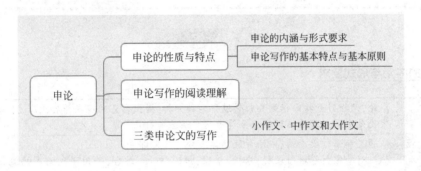

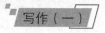

第一节　申论的性质与特点

本节主要介绍了申论的概念以及申论写作的基本特点与基本原则。

申论的内涵与形式要求☆

申论的概念	申论，是指针对特定话题和材料进行延伸分析，提出自己的观点并展开论述 申论是中国大陆地区国家公务员录用考试基本科目
申论考试三大部分	从题型和写作要求看，申论考试总体上分为三大部分： （1）对给定材料进行理解、分析、整理、归纳、概括、综合，并用限定的篇幅概括出所给背景材料的主题 （2）用限定的篇幅对主要问题提出见解，提出具有可操作性的解决方案 （3）用限定的篇幅对见解、方案进行论证

申论写作的基本特点与基本原则☆

基本特点	相应基本原则
戴着"镣铐"的"舞蹈"	申论写作的一切活动，都必须在"给定材料"与"作答要求"范围内进行，犹如戴着"镣铐"的"舞蹈"。相应的三个基本原则： （1）必须认真阅读，准确理解"给定材料"与"作答要求" （2）必须紧扣"给定材料"与"作答要求"进行写作 （3）在充分理解材料的基础上，发现问题、分析问题，提出解决方案
模拟"角色"的表达	认定自己是一名公务员，即模拟"角色"的表达，这一基本特性决定了两点基本原则： （1）要体现政府职能，应从管理、服务等政府主要职能的视角，去观察、思考所涉及的问题 （2）要切实解决问题。切忌对社会问题夸夸其谈，义愤填膺，要找出问题，提出对策

知识解读

考生需了解申论写作是戴着"镣铐"的舞蹈和以模拟"角色"表达的基本特点以及各基本特点相应的基本原则。

第二节　申论写作的阅读理解

本节内容提要

　　本节主要介绍了快速阅读、准确理解"给定材料"和"作答要求"的基本方法,即紧抓关键词语和核心语句;抓住主线,深挖内涵,全面深入理解材料和确定"作答要求"的基本类型。

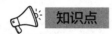

知识点

■ **申论写作的阅读理解☆**

紧抓关键词语和核心语句	有利于快速把握材料的基本内容、基本意义、基本倾向,为构思写作打好基础
抓住主线,深挖内涵,全面深入理解材料	有利于对申论材料全部内容的把握理解更全面更准确,有利于对每条材料的作用和用意的把握更准确更深入。"作答要求"中一般暗含着统领全部"给定材料"的主线
确定"作答要求"的基本类型	每一"作答要求"都是针对阅读理解能力、综合分析能力、提出和解决问题能力和文字表达能力的检测而设计的,其试题主要类型有以下几种: (1) 阅读理解型:侧重考查应试者的阅读理解能力,通常要求以100~200字小作文形式完成 (2) 概括分析型:侧重考查应试者的综合分析能力,通常要求以100~200字小作文形式完成 (3) 综合分析与提出对策型:侧重考查综合分析、提出和解决问题能力,通常要求以300~400字中作文形式 (4) 申说论述型:通常要求完成一篇议论文,全面考查各种能力,尤其是文字表达能力,一般要求以约1 000字大作文形式完成

第三节　三类申论文的写作

本节内容提要

　　申论写作根据篇幅长短可分三类:小作文、中作文、大作文,本节主要介绍这三类文的写作方法。

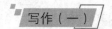

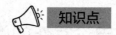知识点

■ 三类申论文的写作 ☆☆☆

申论写作根据篇幅长短可分三类：小作文、中作文、大作文。

小作文的写作	一般字数在100~200字,通常涉及阅读理解或概括分析,小作文写作的基本方法是： (1) 理解概括,不离语境 (2) 概括分析,提取主干 (3) 结构方式,先总后分 (4) 语言表达,简明扼要
中作文的写作	字数约300~400字,通常要求综合分析与提出对策,中作文的写作方法是： (1) 细读材料,提取重点 (2) 找出问题,提出对策
大作文的写作	字数约1 000字,大作文一般是议论文形式,或有讲话稿、调查报告等应用文体 1. 大作文的主题,要鲜明,重点要突出 2. 大作文的标题,应新颖独特,鲜明醒目 (1) 标题设计注意：①总括全文,不大不小；②字数越少越好；③讲究平仄和韵味 (2) 常见标题写法：①开门见山,点明主题；②概括话题,指出范围 3. 大作文的结构：申论大作文的结构形式,最常见的是"总分总"大三段论式 4. 大作文的开头和结尾 (1) 开头常见方法 ① 由远及近式（渐入主题式）；②俗语破题式（突兀而起式）；③虽然但是式（先好后坏式）；④开门见山式（直奔主题式）；⑤直爆问题式（毫不隐瞒式） (2) 结尾常见方法 ① 概括总结,结束全文；②前后配合,首尾呼应；③提出建议,满怀期待 5. 大作文的语言 申论语言的基本要求是准确、规范、通顺、清晰,为此,有必要关注以下四点： (1) 注意选好动词,力求准确,没有歧义 (2) 注意用好"动宾结构" (3) 注意用好判断句 (4) 注意语言鲜活而规范

■ 知识解读

考生需着重掌握三类申论文的写作方法,此考点的考查方式主要是作文题。

■ 真题小练

【大作文题】

(2019年10月全国)依据下面的材料,写一篇议论文,题目自拟,字数1 000~1 200字。

锻炼与不锻炼的人,隔一天看,没有任何区别;隔一个月看,差异甚微;但是隔五年十年看,身体和精神状态上就有了巨大差别。读书也是一样的道理,读书与不读书的人,日积月累,终成天壤之别。

【评分标准】

	一等(34~40)	二等(28~33)	三等(24~27)	四等(0~23)
内容	切合题意 内容充实 思想深刻或新颖 意境深远 感情真挚	符合题意 中心明确 思想有独到之处 内容充实 感情真实	基本符合题意 中心基本明确 内容单薄 感情基本真实	偏离题意 中心不明或立意不当 内容空洞 感情虚假
表达	符合文体要求 行文跳脱而有美感 语言流畅而有意韵 字体工整	符合文体要求 结构完整 语言流畅 字体较工整	基本符合文体要求 结构基本完整 语言基本通顺 字迹清楚	不符合文体要求 结构混乱 语言不通顺,语病多 字迹难辨

模 拟 卷

模拟卷（一）

课程代码：00506

总分：100

第一部分　选择题

一、单项选择题：本大题共 20 小题，每小题 1 分，共 20 分。在每小题列出的备选项中只有一项是最符合题目要求的，请将其选出。

1. 写作立意完成后作者对文章走向符号化阶段的整体性考虑是（　　）

　　A. 立意　　　　　B. 运思　　　　　C. 谋篇　　　　　D. 结构

2. "书中暗表，……这是后话，咱们暂且不提"，这是指叙述手法中的（　　）

　　A. 回叙　　　　　B. 总叙　　　　　C. 分叙　　　　　D. 预叙

3. 小说中叙述者只讲述作品中某个人物知道的情况，这时所采用的叙事视角是（　　）

　　A. 零聚焦　　　　B. 无聚焦　　　　C. 内聚焦　　　　D. 外聚焦

4. 以散文体书写，通过人物、情节、环境的具体描绘来展现人类生活画面及其意义的虚构故事是（　　）

　　A. 小说　　　　　B. 诗歌　　　　　C. 散文　　　　　D. 戏剧

5. 对事物的状况、性质、特征与成因等作简明概括的解释，这种说明方法是（　　）

　　A. 诠释说明　　　B. 举例说明　　　C. 分类说明　　　D. 定义说明

6. 纪实文学的美学特征不包括（　　）

　　A. 纪实性　　　　B. 文学性　　　　C. 主体性　　　　D. 论说性

7. 由一般推出特殊的推理方式，表现为由已知的前提必然地推出结论的思维方式是（　　）

　　A. 演绎逻辑　　　B. 抽象思维　　　C. 归纳逻辑　　　D. 目的思维

8. 作为报刊中最常见的一种评论文体，形式最自由，用笔最灵活，常借助掌故、趣闻展开理论分析的文学评论文体是（　　）

　　A. 随笔　　　　　B. 序跋　　　　　C. 特写　　　　　D. 书评

9. 论文中对研究对象进行高屋建瓴地简要概括，提出论题的部分是（　　）

　　A. 本论　　　　　B. 绪论　　　　　C. 结论　　　　　D. 论据

10. 实用文的写作原则不包括(　　)

　　A. 综合性　　　　B. 真实性　　　　C. 实用性　　　　D. 规范性

11. 叙述时,在叙事主线里插进一条支线,让主线暂停,等插进的内容讲述完毕,再继续原叙述,这种叙述技巧是(　　)

　　A. 虚实相生法　　B. 抑扬转化法　　C. 张弛相见法　　D. 横云断岭法

12. 知照性公文是指向有关方面发布需要周知、遵守或办理事项的公文,包括了公告、通告、通知、公报和(　　)

　　A. 报告　　　　　B. 纪要　　　　　C. 批复　　　　　D. 函

13. 以时间为"经",以空间为"纬",灵活跳跃地安排结构,纵横交织,螺旋式展开,形成多层级或网状格局,这属于文章结构模式中的(　　)

　　A. 纵向结构式　　B. 横向结构式　　C. 串珠式结构　　D. 复选式结构

14. 机关团体、企事业单位或个人向社会公众公开告知某种事项,并希望获得给予支持或协助办理的事务文体是(　　)

　　A. 计划　　　　　B. 简报　　　　　C. 启事　　　　　D. 声明

15. 王夫之说"意犹帅也"的意思是(　　)

　　A. 文章的标题,如同军队的统帅一样

　　B. 文章的主题,如同军队的统帅一样

　　C. 文章的意思,如同军队的统帅一样

　　D. 文章的论题,如同军队的统帅一样

16. 新华社的一则人物消息《万米红霞》的导语:"身穿红衣、红裤的王军霞依然没有抖开神秘的面纱。这位被誉为'东方神鹿'的姑娘不动声色地站在跑道上。"从写作方法来看,这段导语属于(　　)

　　A. 叙述式导语　　B. 描写式导语　　C. 引语式导语　　D. 评论式导语

17. 有目的、有计划地感知和描述客观事物的方法是(　　)

　　A. 艺术观察　　　B. 科学观察　　　C. 实用观察　　　D. 重点调查

18. 对具有典型意义的地方、单位或个人事迹的针对性报道是(　　)

　　A. 述评消息　　　B. 人物消息　　　C. 经验消息　　　D. 动态消息

19. 散文虽然不像小说那样有明显的线索和结构特点,但却隐藏着一条行文主线,这体现了散文的哪种文体特征?(　　)

　　A. 题材广泛　　　　　　　　　　B. 具有生命感的自由时空

　　C. 情思串联　　　　　　　　　　D. 文辞优美

20. 学术写作的特性不包括(　　)

　　A. 科学性　　　　B. 实践性　　　　C. 客观性　　　　D. 创新性

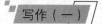

第二部分　非选择题

二、判断分析题：本大题共 2 小题,每小题 5 分,共 10 分。判断下列各题的正误,在"答题卡"(纸)的试题序号后,正确的划上"√",错误的划上"×",并简述理由。

21. 诗歌创作的核心问题是意象创造。

22. 调查报告的写作不一定需要立足真实的调查情况。

三、分析论述题：本大题共 1 小题,10 分。

23. 找出下列公文中的错误并说明理由。

关于推荐孙鹏等 10 位同志参加××考察活动的请示报告

×财发〔2016〕05 号

市政府:

根据省外办《关于组织××省第九届对外交流考察活动的通知》精神,经我局研究决定,拟推荐孙鹏等 10 位同志参加××考察活动。名单如下:

沈大华××银行

孙鹏××会计师事务所

……

特此报告。

××市财政局(印章)

××年××月××日

四、小作文题：本大题共 1 小题,共 20 分。

24. 下面是一篇短篇小说的开头部分,阅读后,将其续写为一个完整的故事。要求想象合乎情理,表达清晰,字数不少于 500 字。

庸医与华佗

"你子宫里长了东西,最好尽快动手术!"医生说。

病人的脸色一下子苍白了,怪不得最近总是虚弱心慌,幸亏遇到这位名医,就算是恶性肿瘤,发现得早,也应该不至于扩散。

手术很快就安排了,开刀房里都是最新的医疗器材,对这位妇科名医而言,已经有上千次手术的经验。

瘤不大,只须切开一个小小的口。医生打开病人的腹部,向子宫深处观察,准备下刀,他有把握将肿瘤一次切除,使病人永绝后患。

但是他突然全身一震,刀子停在半空中,豆大的汗珠冒上额头。

他看到了令他难以置信的事,一件在他行医数十年之间,不曾遭遇的事。

子宫里长的不是肿瘤,是一个胎儿。

五、大作文题:本大题共 1 小题,40 分。

25. 阅读下面的材料,从环境保护与公民责任的角度,写一篇议论文。题目自拟,字数 1 000 字。

① 2013 年,"雾霾"成为年度关键词。这一年的 1 月,4 次雾霾过程笼罩 30 个省(区、市),在北京,仅有 5 天不是雾霾天。有报告显示,中国最大的 500 个城市中,只有不到 1%的城市达到世界卫生组织推荐的空气质量标准,与此同时,世界上污染最严重的 10 个城市有 7 个在中国。

② 2016 年 12 月,入冬来最持久雾霾天气来临,多个城市已达严重污染,包括了京津冀、山西、陕西、河南等 11 个省市在内的地区。

③ 现在的雾霾,实际上是一氧化碳、氮氧化物等的混合物。假如雾霾中混杂着有害物质,就会对健康产生直接危害,包括对神经系统、心血管系统、呼吸系统、内分泌系统的破坏。也就是说,它是身体健康的"隐形杀手"。

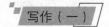

参考答案（一）

一、单项选择题：本大题共 20 小题，每小题 1 分，共 20 分。

1.【考点】运思的含义和作用

答案：B

解析：运思是建立在作者聚思和立意的基础上，是写作立意完成后作者对文章走向符号化阶段的整体性考虑，属于写作思维运动的定性阶段。

2.【考点】如何改变叙述时间

答案：D

解析：预叙，即对未来的暗示与预期的叙述方法。例如中国古典叙事常用"书中暗表，……这是后话，咱们暂且不提"。

3.【考点】如何改变叙事空间

答案：C

解析：内聚焦即是叙述者只说某个人物知道的情况。

4.【考点】小说的定义与演变

答案：A

解析：小说是一种以散文体书写的，通过人物、情节、环境的具体描绘展现人类生活画面及其意义的虚构故事。

5.【考点】诠释说明

答案：A

解析：诠释说明就是解释，是对事物的状况、性质、特征与成因等作简明概括的解释说明。

6.【考点】纪实文学的美学特征

答案：C

解析：纪实文学的美学特征有：（1）纪实性；（2）文学性；（3）论说性。

7.【考点】逻辑思维与灵感思维

答案：A

解析：演绎逻辑，指的是由一般推出特殊（个别）的推理方式，表现为由已知的前提必然地推出结论的思维方式。换句话说，从正确的前提出发，经过正确的思维轨道，推导出正确的结论，这样的推理就是演绎推理。

8.【考点】随笔体文学评论

答案：A

解析：随笔,是报刊中最常见的一种文学评论文体,形式最自由,用笔最灵活,常借助掌故、趣闻展开分析议论,常用比喻、象征等修辞手法,取事似小而寓意丰富,能对文学现象作出迅速反应,敏捷而尖锐,深受欢迎。

9.【考点】绪论的内容

答案：B

解析：绪论,也可写作"引言"等,是对论文研究对象高屋建瓴的简要概括,其主要功能是提出论题。

10.【考点】实用文的写作原则

答案：A

解析：实用文的写作原则:(1)实用性原则;(2)真实性原则;(3)规范性原则;(4)时效性原则。

11.【考点】横云断岭法

答案：D

解析：横云断岭法,也叫断续法。原是绘画的一种技法,画山水时,把云雾横抹于绵亘的山岭,使有限的画幅上显示出逶迤起伏的峰岭。将这种技法移入写作,就是指叙述时,在叙事主线里插进一条支线,让主线暂停,这叫"断",等插进的内容讲述完毕,再继续原叙述,这叫"续"。

12.【考点】公文的分类

答案：D

解析：知照性公文是国家党政机关、企事业单位或其他社会团体用来宣布事项、发布规章、商洽工作、通报情况的重要工具。包括公告、通告、通报、通知、公报、函等。

13.【考点】复迭式结构

答案：D

解析：复迭式结构:以时间为"经",以空间为"纬",灵活跳跃地安排结构,纵横交织,螺旋式展开,形成多层级或网状格局。这种结构能容纳复杂、丰富的内容,但它要求作者有较高的驾驭能力。

14.【考点】启事

答案：C

解析：启事是机关团体、企事业单位或个人向社会公众公开告知某种事项,并希望获得给予支持或协助办理的事务文体。一般内容短小,一事一文。

15.【考点】立意的含义

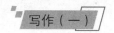

答案：B

解析：立意之"意"是指文本的主题,王夫之《姜斋诗话》卷下说："无论诗歌与长行文字,俱以意为主。意犹帅也,无帅之兵,谓之乌合。"这里所说的"意"就是文本的主题,即一篇文章的思想内核,也就是文章的主题,如同军队的统帅一样。

16.【考点】导语的写作

答案：B

解析：描写式即从生动具体的描写入手,通过新闻事实的某个最具特色的侧面或场景,造成身临其境的效果。题干中这则导语就是对王军霞站在跑道上的场景进行了描写,给读者以身临其境的效果。

17.【考点】观察

答案：B

解析：科学观察是人们有目的、有计划地感知和描述客观事物的一种科学认识方法。

18.【考点】消息概述

答案：C

解析：经验消息,也叫典型报道,是对具有典型意义的地方、单位或个人事迹的针对性报道。

19.【考点】情思串联

答案：C

解析：散文虽"散",但必须要有文体的整体感,这就需要情思串联起来。散文虽然不像小说那样有明显的线索和结构特点,但情思却是一条隐藏着的行文主线。

20.【考点】学术写作的特性

答案：B

解析：学术写作的特性：(1)科学性；(2)客观性；(3)创新性。

二、判断分析题：本大题共 **2** 小题,每小题 **5** 分,共 **10** 分。

21.【考点】诗歌的意象创造成为诗歌创作的核心问题

答案：√。诗歌是一种美的体验,而不是浅薄的哲学思想的表达,意象的形成使得诗歌在文学文体的意义上走向独立和自觉,因此,意象是诗歌作品的核心。相比传统诗歌意象结构单纯或中心化,现代诗歌越来越以意象结构为中心,来传达现代人多变的情绪与复杂的思想。

22.【考点】调查报告的概念

答案：×。真实性是调查报告的生命,刻意求真是调查报告写作的灵魂。调查报告必须立足真实的调查、真实的结果,反映真实的情况、问题或经验、规律。切忌先入为主、心怀成见,为了观点寻找材料。

三、分析论述题：本大题共 1 小题，10 分。

23. 【考点】请示

解析：（1）公文标题有误，文种错误：应去掉"报告"。

（2）发文字号格式错误，不编虚位，用六角括号，改为：××财发〔2016〕5 号。

（3）主送机关名称错误，应使用全称或规范化简称：××市政府。

（4）正文内容有误，根据公文标题，正文所列名单中应将"孙鹏"排列在第 1 位。

（5）正文结语不当，应改为：妥否，请批示。

四、小作文题：本大题共 1 小题，20 分。

24. 【考点】小作文

参考范文：

他矛盾了，陷入挣扎。天平的两端在不断地摇摆。

如果下刀，硬把胎儿拿掉，然后告诉病人，摘除的是肿瘤，病人一定会感激得恩同再造，而且可以确定，那所谓的肿瘤，一定不会复发。他说不定还能得个"华佗再世"的金匾呢！

相反地，他也可以把肚子缝上，告诉病人，看了几十年的病，他居然看走眼了。但"庸医"的名号可能会注定跟着自己的下半辈子了。

"庸医"与"华佗"只在一念之间。

这不过短短几秒钟的挣扎，已经使他浑身湿透。小心地缝合之后，他回到办公室，静待病人苏醒。

办公室里良久地沉默，被一声清脆的开门声响打破。

医生走出办公室，走到病人床前，他严肃的神情，使病人和四周的亲属，都手脚冰冷，等待癌症末期的宣判。

"对不起！太太！我居然看错了，你只是怀孕，没有长瘤。"医生深深地致歉，"所幸及时发现，孩子安好，一定能生下个可爱的小宝宝！"

似乎一个晴天霹雳！

病人和家属全呆住了，隔了十几秒钟，病人的丈夫突然冲过去，抓住医生的领子，吼道：

"你这个庸医，我找你算账！"

孩子果然安好，而且发育正常。

但是医生被告得差点破产。最大的伤害，是名誉的损失。

有朋友笑他，为什么不将错就错？就说那是个畸形的死胎，又有谁知道？

"老天知道！"医生只是淡淡一笑。

五、大作文题：本大题共 1 小题，40 分。

25. 【考点】大作文

评分标准：

	一等(34~40)	二等(28~33)	三等(24~27)	四等(0~23)
内容	切合题意 内容充实 思想深刻或新颖 意境深远 感情真挚	符合题意 中心明确 内容充实 感情真实 思想有独到之处	基本符合题意 中心基本明确 内容单薄 感情基本真实	偏离题意 中心不明或立意不当 内容空洞 感情虚假
主题	符合文体要求 行文通顺而有美感 语言流畅而有意蕴 字体工整	符合文体要求 结构完整 语言完整 字体较工整	基本符合文体要求 结构基本完整 语言基本通顺 字迹清楚	不符合文体要求 结构混乱 语言不通顺,语病多 字迹难辨

模拟卷（二）

课程代码：00506

总分：100

第一部分　选择题

一、单项选择题：本大题共 20 小题，每小题 1 分，共 20 分。在每小题列出的备选项中只有一项是最符合题目要求的，请将其选出。

1. 为撰写论文而引用的有关文献信息资源，位于论文最后部分的称为（　　）

　　A. 摘要　　　　　　B. 关键词　　　　　　C. 夹注　　　　　　D. 参考文献

2.《怀念萧珊》中巴金把夫妻之间的深情和萧珊对他的关照全融注于叙事之中，这种抒情方法是（　　）

　　A. 寓情于事　　　　B. 寓情于景　　　　　C. 寓情于物　　　　　D. 寓情于理

3. 以下不属于现行法定公文的是（　　）

　　A. 决议　　　　　　B. 命令　　　　　　　C. 声明　　　　　　D. 公告

4. 对作品、作家、流派、理论、动向、潮流等文学现象进行描述、解释、评价和批评的文体是（　　）

　　A. 消息　　　　　　B. 散文　　　　　　　C. 报告文学　　　　D. 文学评论

5. 以下带有虚构倾向和情感色彩的纪实类创作是（　　）

　　A. 纪实散文　　　　B. 回忆录　　　　　　C. 传记文学　　　　D. 新闻体小说

6. 以下不属于诗歌文体特征的是（　　）

　　A. 强烈的抒情性　　B. 体验式的人物　　　C. 凝聚的意象感　　D. 直观的形式美

7. 形成文章思想观点的物质基础是（　　）

　　A. 写作主体的素养　　　　　　　　　B. 素材积累

　　C. 写作动机　　　　　　　　　　　　D. 写作选题

8. 作家按照生活的本来面目去刻画人物形象，塑造具有复杂性格特征的人物，如《红与黑》中的于连、《青春之歌》中的林道静，他们属于（　　）

　　A. 圆形人物　　　　B. 扁形人物　　　　　C. 正面人物　　　　D. 反面人物

9. 刘征《庄周买水》中用寓言的方式讲述具有仙风道骨的战国人庄子在 20 世纪 80 年代为生存而奔波的故事，讽刺批判了商品流通领域以权谋私、凭空暴富的丑恶现象。这采用的议论技巧是（　　）

A. 对台唱戏法　B. 欲擒故纵法　C. 形象议论法　D. 因果论证法

10. 按照事物发展的顺序组织材料、安排层次,这属于文章结构模式中的(　　)

A. 串珠式结构　B. 横向结构式　C. 复迭式结构　D. 纵向结构式

11. 鲁迅曾概括形容其塑造人物形象的方法是,"没有专用一个人,往往嘴在浙江,脸在北京,衣服在山西,是一个拼凑起来的角色。"这采用的是想象方式中的(　　)

A. 黏合　B. 联想　C. 典型化　D. 夸张

12. 根据文体的规范对文章进行结构布局,这是写作谋篇中的(　　)

A. 定体　B. 定纲　C. 定调　D. 立意

13.下列选项中,不属于自觉积累素材的途径与方法是(　　)

A. 艺术观察、科学观察、实用观察

B. 调查、访问

C. 自动记忆

D. 利用网络信息查询、图书馆文献资料查阅

14. 公文的主要受理机关是(　　)

A. 发文机关　B. 抄报机关　C. 抄送机关　D. 主送机关

15. 下列思维形态中,不属于形式思维的是(　　)

A. 修辞思维　B. 目标思维　C. 结构思维　D. 文体思维

16. 写作是一种以语言文字为媒介的(　　)

A. 文化交流行为　B. 信息记录行为　C. 表达情感行为　D. 思想传播行为

17. "导弹要上天,人才是关键。为把有限科技力量攥成拳头,我军战略导弹部队今天组成了首批40名导弹技术专家方阵,这支队伍将在第二炮兵现代化建设中发挥特殊作用。"这段文字是一则消息的导语,属于(　　)

A. 评论式导语　B. 摘要式导语　C. 叙述式导语　D. 描写式导语

18. 古人所谓"袖手于前""成竹在胸"是指在写作前对文章进行整体设计,包括了设计文章的主题、表现方式、主要论据以及论证方式等,这种常常在头脑中完成的设计是文章构思阶段中的(　　)

A. 聚思　B. 立意　C. 运思　D. 谋篇

19. 党政机关对重要事项或重大行动作出决策和安排的指挥性公文是(　　)

A. 批复　B. 决定　C. 意见　D. 通知

20. 舒婷《双桅船》先抒写"船"与"岸"在恶劣的环境当中所遭受的境遇,展示一个阔大动荡的航海之旅,到最后慢慢收缩为一缕静止性的哲理化诗情,造成一种时空浓缩感,采用的意象结构方式是(　　)

A. 跨越式　B. 压缩式　C. 层次化　D. 四维化

第二部分　非选择题

二、判断分析题：本大题共 2 小题,每小题 5 分,共 10 分。判断下列各题的正误,在"答题卡"(纸)的试题序号后,正确的划上"√",错误的划上"×",并简述理由。

21. 小说作品中,叙述者只说某个人物知道的情况,这种类型的叙述视角属于外聚焦。

22. 文章中采用第三人称叙述容易形成真实,亲切的格调。

三、分析论述题：本大题共 1 小题,10 分。

23. 阅读下则消息,回答问题：

盖茨及同窗报恩母校

【美联社剑桥(1996 年)10 月 30 日电】微软公司的比尔·盖茨和他在哈佛大学时期的一个朋友合起来将向这所学校捐款 2 500 万美元,用来建造一座计算机科学大楼。

该校将在这座大楼里实施它的计算机科学和电机工程计划。这所学校一直在努力扩大和加强它的计算机科学和电机工程计划。

盖茨和史蒂夫·巴尔默联合捐资的消息是昨天晚上宣布的。这笔捐款的数额在哈佛大学有史以来收到的捐款中占第五位。

盖茨是美国的首富,据估计,他现在大约拥有 148 亿美元。巴尔默是盖茨 1980 年带进微软公司的,他现在负责销售。据报道,他现在拥有 37 亿美元。

巴尔默和盖茨 1973 年在哈佛大学时曾同住过一个宿舍。这两个人决定以他们的母亲玛丽·巴克斯韦尔·盖茨和比阿特丽斯·德沃金·巴尔默的名字为这座新的计算机大楼命名。它将叫作马克斯韦尔—德沃金大楼。

(1) 从结构特点看,此则消息使用了哪种结构形式?

(2) 第一段落是消息结构中的哪一部分? 在全文中发挥了什么作用?

(3) 第四段落是消息结构中的哪一部分? 在全文中发挥了什么作用?

四、小作文题：本大题共 1 小题,20 分。

24. 网上购物已逐渐成为一种普遍的消费形态,请以网购为对象,写一篇说明文。要求介绍清晰、有条理,字数不少于 500 字。

五、大作文题：本大题共 1 小题,40 分。

25. 根据下面的材料,写一篇议论文。题目自拟,字数 1 000～1 200 字。

人之所以悲哀,是因为我们留不住岁月,更无法不承认,青春,有一日是要这么自然地消失过去。而人之可贵,也在于我们因着时光环境的改变,在生活上得到长进。岁月的流失固然是无可奈何,而人的逐渐蜕变却又需要时光的磨砺。

参考答案（二）

一、单项选择题：本大题共 20 小题，每小题 1 分，共 20 分。

1.【考点】参考文献的撰写

答案：D

解析：参考文献是指为撰写论文而引用的有关文献信息资源。参考文献的位置一般在全文最后。有关参考文献撰写格式，国家标准《文后参考文献著录规则》有明文规定。

2.【考点】间接抒情

答案：A

解析：寓情于事，是把感情的抒发寄寓在叙事写人之中，这时的叙述和一般的叙述不一样，是用来抒情的手段，蕴含着明显的主观因素和感情色彩。因此不要求对事件的全过程或人物的事迹做细致完整的交代。巴金《怀念萧珊》中这样叙事：我进了门，看到她的面容，满脑子的乌云都消散了。我有什么委屈，牢骚都可以向她尽情倾吐。有一个时期我和她每晚临睡前服两粒"眠尔通"才能够闭眼，可是天刚刚发白就都醒了。我唤她，她也唤我。我诉苦般地说："日子难过啊！"她也用同样的声音回答："日子难过啊！"但是她马上加一句："要坚持下去。"或者再加上一句："坚持就是胜利。"作者把夫妻之间的深情和萧珊对他的关照全融注于叙事之中。这样的叙事抒情委婉、含蓄，看着淡，实则情意丰富，感人至深，耐人寻味。这样的抒情技巧是以无技巧的状态出现。

3.【考点】公文的概念

答案：C

解析：现行机关使用的法定公文包括：（一）决议、（二）决定、（三）命令（令）、（四）公报、（五）公告、（六）通告、（七）意见、（八）通知、（九）通报、（十）报告、（十一）请示、（十二）批复、（十三）议案、（十四）函、（十五）纪要。

4.【考点】文学评论与研究性文学论文

答案：D

解析：文学评论主要是指对作品、作家、流派、动向、潮流等文学现象进行描述、解释、评价和批评的文章。文学评论与文学研究类学术论文有很多相似之处。

5.【考点】事件性报告文学

答案：D

解析：纪实文学由于其概念的宽泛性，其分类的界限也比较模糊。但根据其狭义与广义的定义，我们可以将其按概念的外延，以辐射状方向进行大致地分类。首先是纪实性较强的文体：纪实散文、回忆录、传记文学、报告文学、文学性强的通讯与调查报告；其次是有点虚构倾向和情感色彩的纪实类创作：纪实小说、新闻体小说、口述实录小说等；最后是一切非虚构类的作品。

6.【考点】诗歌的特征

答案：B

解析：诗歌的特征：(1)强烈的抒情性；(2)凝聚的意象感；(3)直观的形式美；(4)独特的语言效果。

7.【考点】素材积累是形成文章思想观点的物质基础

答案：B

解析：素材积累在写作中的作用：

(1)素材积累能够激活作者写作动机的心理机制。

(2)素材的积累过程促使写作"灵感"发生。

(3)素材积累是形成文章思想观点的物质基础。

8.【考点】人物塑造类型：圆形人物与扁形人物

答案：A

解析：圆形人物指文学作品中具有复杂性格特征的人物。这类人物在小说中往往都是多义与多变的人物，其性格有形成与发展的过程。圆形人物的塑造按照生活的本来面目去刻画人物形象，更真实、更深入地揭示人性的复杂、丰富，具有更高的审美价值。这种塑造人物的方法给读者一种多侧面、立体可感的印象，往往能够带来心灵的震动。例如西方现代小说夏洛蒂·勃朗特小说《简·爱》中的简·爱、列夫·托尔斯泰小说《安娜·卡列尼娜》中的安娜·卡列尼娜、司汤达小说《红与黑》中的于连等；中国现代小说杨沫《青春之歌》中的林道静、姚雪垠历史小说《李自成》中的李自成、路遥小说《平凡的世界》中的孙少安、孙少平等。

9.【考点】形象议论法

答案：C

解析：形象议论法是用具体形象的事物做论据，比喻阐说抽象深奥道理的一种技法。这种技法是对类比、比喻等论证方法的综合运用，目的是把真理形象化。议论说理主要是抽象思维活动，用形象思维去辅佐，既可使作者的情感观点在具体的意象中得到充分展露，又能使枯燥的理论鲜活起来。用作比喻的形象事物，可以是一个故事，一个寓言，一个神话，一则事实。比如刘征《庄周买水》一文，用寓言的方式，讲述了具有仙风道骨的战国人庄子在20世纪80年代如何为生存而奔波的故事，讽刺批判商品流通领域以权谋私、凭空暴富的丑恶现象。

10.【考点】选择或创建结构模式

答案：D

解析：纵向结构式，可按照事物发展的顺序组织材料，安排层次。任何事物都有发生、发展、高潮、结束的过程，这一过程既有阶段性，又有连续性，各阶段又有不同特点，但在写法上

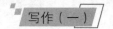

要避免罗列事实,记流水账。

11.【考点】想象

答案：C

解析：典型化是根据一类事物的共同特征创造新形象的过程。比如塑造小说中的人物,鲁迅说,人物模特儿没有专门用过一个人,往往嘴在浙江,脸在北京,衣服在山西,是一个拼凑起来的角色。这是作家的想象力在四面八方采集人物材料,综合其特点之后创造出来的新形象。这是创造性想象,对于一个成熟的作家来说,这样的想象创造成为职业习惯,具有了职业的敏感。

12.【考点】谋篇的含义

答案：B

解析：谋篇包含了定体、定纲、定调几大系统元素。定体,即选择或创建文章的体式。定纲,即根据文体的规范对文章布局结构。定调,即确定语调,包括语体和风格。

13.【考点】

答案：C

解析：自觉积累素材的方法多种多样,比如深入民间采风,选择对象观察(观察包括艺术观察、科学观察、实用观察)、调查、访问,利用网络信息查询、图书馆文献资料查阅等。

14.【考点】公文的格式规范

答案：D

解析：主送机关,也称受文对象,是公文的主要受理机关。

15.【考点】目的思维与形式思维

答案：B

解析：形式思维包括文体思维、结构思维和修辞思维。

16.【考点】写作活动的特征

答案：A

解析：写作是一种以语言文字为媒介的文化交流行为,是人类社会各个领域都不可或缺的信息记录与传播方式。

17.【考点】导语的写作

答案：A

解析：导语写作常用方法：

(1)叙述式：也叫概述式、摘要式。采用的叙述方法,简要地把消息中最具新闻价值的事实或思想直接表述出来。

(2)描写式：以生动具体的描写入手,通过新闻事实的某个最具特色的侧面或场景,造成身临其境的效果。

（3）评论式：在概括新闻事实的同时，对人物或事件展开评论，揭示新闻的价值或意义。

（4）设问式：以问题的形式，激发读者的好奇与兴趣，然后通过事实的陈述逐渐揭示答案。

（5）引语式：通过引用消息人物的话语或权威性的评论点明题旨，或以俗语、警句、名言的形式引出新闻事实。

题干导语概括了新闻内容并做了简要评价，因此属于评论式导语。

18.【考点】构思阶段

答案：C

解析：所谓运思就是对文章进行整体设计，从主题到故事情节、人物形象到表现方式；从中心论点到分论点，到主要论据、论证思路、推理方式。这种设计常常是在头脑里完成的，古人所谓"袖手于前""成竹在胸"说的就是这个环节。

19.【考点】决定

答案：B

解析：决定是党政机关对重要事项或重大行动做出决策和安排的指挥性公文。任何机关、团体、企事业单位都可以在职权范围内使用决定，但使用决定处理的事项对于本机关、单位都是相当重要的，应由领导集体或权力机构集体讨论研究后做出安排或部署。

20.【考点】诗歌的意象创造成为诗歌创作的核心问题

答案：B

解析：意象的结构排列方式：

（1）跨越式：如《卡尔索的圣马提诺镇》

（2）压缩式：如《双桅船》先抒写"船"与"岸"在恶劣的环境当中所遭受的境遇，展示一个阔大动荡的航海之旅，到最后慢慢收缩为一缕静止性的哲理化诗情，造成一种时空浓缩感。

（3）层次化：如《相信未来》

（4）四维化：如《公园里》

（5）镜头组接式：如《序曲（之一）》

二、判断分析题：本大题共 2 小题，每小题 5 分，共 10 分。

21.【考点】如何改变叙事空间

答案：×。此种情形属于内聚焦。外聚焦视角是叙述者说的比人物知道的少。

22.【考点】第三人称叙述

答案：×。第三人称叙述：传统的第三人称是以局外人的口吻进行全知叙述，作者站在第三者的旁观立场对读者转述见闻和感受。这样叙述，可以灵活地展示事物的各个方面，自由地刻画人物，不被人物的所见所感约束，表现的生活内容更丰富，表现的范围更宽广，既可以从外部对人物、场景进行表现，也可以对人物的心理世界进行展示。这种第三人称的叙述能

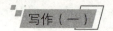

不受限制地进行全视角叙述,弥补了第一人称叙法的不足。而容易形成真实、亲切的格调的是第一人称叙述。

三、分析论述题:本大题共 1 小题,10 分。

23.【考点】倒金字塔结构

答案:

(1)倒金字塔结构。

(2)导语:以简练的语言概括了新闻要点与精华,发挥了导读作用。

(3)背景材料:帮助读者理解新闻事件的重要性,从而突出新闻稿件的新闻价值。

四、小作文题:本大题共 1 小题,20 分。

24.【考点】说明文

	一等(18~20)	二等(14~17)	三等(8~13)	四等(0~7)
内容	切合题意 内容充实 主题明确 说明准确、生动	符合题意 中心明确 内容充实 说明准确	基本符合题意 中心基本明确 内容单薄 说明基本准确	偏离题意 中心不明或立意不当 内容空洞 说明错误
表达	符合文体要求 行文通脱而有美感 语言流畅而精确 字体工整	符合文体要求 结构完整 语言完整 字体较工整	结构基本完整 语言基本通顺 字迹清楚	结构混乱 语言不通顺,语病多 字迹难辨

五、大作文题:本大题共 1 小题,40 分。

25.【考点】大作文

评分标准:

	一等(35~40)	二等(28~34)	三等(24~27)	四等(0~23)
内容	切合题意 内容充实 思想深刻或新颖 意境深远 感情真挚	符合题意 中心明确 思想有独到之处 内容充实 感情真实	基本符合题意 中心基本明确 内容单薄 感情基本真实	偏离题意 中心不明或立意不当 内容空洞 感情虚假
表达	符合文体要求 行文通脱而有美感 语言流畅而有意蕴 字体工整	符合文体要求 结构完整 语言流畅 字体较工整	基本符合文体要求 结构基本完整 语言基本流畅 字迹清楚	不符合文体要求 结构混乱 语言不通顺,语病多 字迹难辨